LE CHEVALIER
D'HARMENTAL.

Ouvrages du même auteur.

IMPRESSIONS DE VOYAGE	5 vol. in-8.
NOUVELLES IMPRESSIONS DE VOYAGE	3 vol. in-8.
ISABEL DE BAVIÈRE	2 vol. in-8.
MAITRE ADAM LE CALABRAIS	1 vol. in-8.
OTHON L'ARCHER	1 vol. in-8.
LE MAITRE D'ARMES	3 vol. in-8.
PRAXÈDE	1 vol. in-8.
LA COMTESSE DE SALISBURY	2 vol. in-8.
SOUVENIRS D'ANTONY	1 vol. in-8.
PAULINE ET PASCAL BRUNO	2 vol. in-8.
LE CAPITAINE PAUL	2 vol. in-8.
QUINZE JOURS AU SINAI	2 vol. in-8.
ACTÉ	2 vol. in-8.
AVENTURES DE JOHN DAVYS	4 vol. in-8.
LES STUARTS	2 vol. in-8.
UNE ANNÉE A FLORENCE	2 vol. in-8.
LE CAPITAINE PAMPHILE	2 vol. in-8.
EXCURSIONS SUR LES BORDS DU RHIN	3 vol. in-8.
AVENTURES DE LYDERIC	1 vol. in-8.

Sous presse :

LE SPÉRONARE.

LAGNY. — Imp. d'Aug. LAURANT.

LE CHEVALIER

D'HARMENTAL

PAR

ALEXANDRE DUMAS.

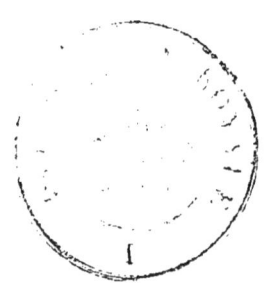

3.

PARIS,
DUMONT, ÉDITEUR,
PALAIS-ROYAL, 88, AU SALON LITTÉRAIRE.

1842.

I.

L'ORDRE DE LA MOUCHE-A-MIEL.

Au jour et à l'heure dits, c'est-à-dire six semaines après son départ de la capitale, et à quatre heures de l'après-midi, d'Harmental, revenant de Bretagne, entrait au grand galop de ses deux chevaux de poste dans la cour du palais de Sceaux.

Des valets en grande livrée attendaient sur le perron, et tout annonçait les préparatifs d'une fête. D'Harmental passa à travers leur double haie, franchit le vestibule et se trouva dans un grand salon au milieu duquel causaient par groupes, en attendant la maîtresse de la maison, une vingtaine de personnes dont la plupart étaient de sa connaissance. C'étaient entre autres le comte de Laval, le marquis de Pompadour, le poète Saint-Genest, le vieil abbé de Chaulieu, Saint-Aulaire, mesdames de Rohan, de Croissy, de Charrost et de Brissac.

D'Harmental alla droit au marquis de Pompadour, celui de toute cette noble et intelligente société qu'il connaissait le plus, tous deux échangèrent une poignée de main. Puis d'Harmental, tirant Pompadour à l'écart :

— Mon cher marquis, dit le chevalier,

pourriez-vous m'apprendre comment il se fait que lorsque je croyais arriver tout juste pour un triste et ennuyeux conciliabule politique, je me trouve jeté au milieu des préparatifs d'une fête?

— Ma foi, je n'en sais rien, mon cher chevalier, répondit Pompadour ; et vous me voyez aussi étonné que vous, j'arrive moi-même de Normandie.

— Ah ! vous arrivez aussi, vous ?

— A l'instant même. Aussi faisais-je la même question que vous venez de me faire à Laval. Mais il arrive de Suisse, et il n'en sait pas plus que nous.

En ce moment on annonça le baron de Valef.

— Ah, pardieu ! voilà notre affaire, continua Pompadour ; Valef est des plus intimes de la duchesse, et il nous dira cela, lui.

D'Harmental et Pompadour allèrent à Valef, qui de son côté les reconnaissant, vint droit à eux. D'Harmental et Valef ne s'étaient pas revus depuis le jour du duel par lequel nous avons ouvert cette histoire, de sorte qu'ils se serrèrent la main avec un grand plaisir. Puis après les premiers compliments échangés :

— Mon cher Valef, demanda d'Harmental, pourriez-vous me dire quel est le but de cette grande réunion, quand je croyais être convoqué en très petit comité?

— Ma foi, mon très cher, je n'en sais rien, dit Valef, j'arrive de Madrid.

— Ah ça! mais tout le monde arrive donc ici! dit en riant Pompadour ; ah ! voilà Malezieux. J'espère que celui-là n'arrive que de Dombes ou de Chatenay, et comme en tout cas il a certainement passé par la chambre de madame du Maine, nous allons avoir enfin de ses nouvelles.

A ces mots, Pompadour fit un signe à Malezieux, mais le digne chancelier était trop galant pour ne pas s'acquitter d'abord de son devoir de chevalier auprès des femmes : il alla donc saluer mesdames de Rohan, de Charrost, de Croissy et de Brissac; puis il s'achemina vers le groupe que formaient Pompadour, d'Harmental et de Valef.

— Ma foi, mon cher Malezieux, dit Pompadour, nous vous attendions avec une grande impatience : nous arrivons des quatre coins du monde, à ce qu'il paraît : Valef du Midi, d'Harmental de l'Occident, Laval de l'Orient, moi du Nord, vous je ne sais d'où ; de sorte que, nous l'avouons, nous serions curieux de savoir ce que nous venons faire à Sceaux.

— Vous êtes venus assister à une grande

solennité, Messieurs, répondit Malezieux ; vous venez assister à la réception d'un nouveau chevalier de la Mouche-à-Miel.

— Peste ! dit d'Harmental, un peu piqué qu'on ne lui eût pas même laissé la faculté de passer par la rue du Temps-Perdu avant de venir à Sceaux ; je comprends alors pourquoi madame du Maine nous avait fait recommander à tous d'être si exacts au rendez-vous ; et quant à moi, je suis fort reconnaissant à son Altesse.

— D'abord, jeune homme, interrompit Malezieux, il n'y a ici ni madame du Maine ni Altesse, il y a la belle fée Ludovise, la reine des abeilles, à laquelle chacun doit obéir aveuglément. Or, notre reine est la toute-sagesse comme elle est la toute-puissance. Et quand vous saurez quel est le chevalier de la Mouche que nous recevons en ce moment, peut-être ne regretterez-vous plus si fort la diligence que vous avez faite.

— Et qui recevons-nous ? demanda Valef, qui arrivant de plus loin était naturellement le plus pressé de savoir pourquoi on l'avait fait venir.

— Nous recevons son excellence le prince de Cellamare.

— Ah ! ah ! c'est autre chose, fit Pompadour, et je commence à comprendre.

— Et moi aussi, dit Valef.

— Et moi aussi, dit d'Harmental.

— Très bien, très bien ! répondit en souriant Malezieux. Et avant la fin de la nuit vous comprendrez mieux encore. En attendant laissez-vous conduire. Ce n'est point la première fois que vous entrez quelque part les yeux bandés, n'est-ce pas, monsieur d'Harmental ?

Et à ces mots Malezieux s'avança vers un

petit homme à la figure plate, aux longs cheveux collants, aux regards envieux, qui paraissait tout embarrassé de se trouver en si noble compagnie et que d'Harmental voyait pour la première fois. Aussi demanda-t-il aussitôt à Pompadour quel était ce petit homme. Pompadour lui répondit que c'était le poète Lagrange-Chancel.

Les deux jeunes gens regardèrent un instant le nouveau-venu avec une curiosité mêlée de dégoût, puis se retournant d'un autre côté et laissant Pompadour s'avancer vers le cardinal de Polignac, qui entrait en ce moment, ils allèrent causer dans l'embrasure d'une fenêtre de la réception du nouveau chevalier de la Mouche-à-Miel.

L'ordre de la Mouche-à-Miel avait été fondé par madame la duchesse du Maine à propos de cette devise empruntée à l'*Aminte* du Tasse, et qu'elle avait prise à l'occasion de son mariage : *Piccola si ma fa puo gravi le ferite*. Devise que Malezieux, dans son éternel dévoûment poétique pour la petite-fille du grand Condé, avait traduite ainsi :

> L'abeille, petit animal,
> Fait de grandes blessures.
> Craignez son aiguillon fatal,
> Évitez ses piqûres.
> Fuyez si vous pouvez les traits
> Qui partent de sa bouche;
> Elle pique et s'envole après,
> C'est une fine mouche.

Cet ordre, comme tous les autres, avait sa décoration, ses officiers, son grand-maître : sa décoration était une médaille représentant d'un côté une ruche et de l'autre la reine des Abeilles; cette médaille était suspendue à la boutonnière par un ruban citron, et tout chevalier devait en être décoré chaque fois qu'il venait à Sceaux. Ses officiers étaient Malezieux, Saint-Antoine, l'abbé de Chaulieu et Saint-Genest ; son grand-maître était madame du Maine. Il se composait de trente-neuf membres et ne pouvait dépasser ce nombre ; la mort de M. de Nevers avait réduit ce nombre, et comme Malezieux venait de l'annoncer à d'Harmental, cette lacune allait être comblée par la nomination du prince de Cellamare.

Le fait est que madame du Maine avait trouvé plus sûr de couvrir cette réunion toute politique d'un prétexte tout frivole, certaine qu'elle était qu'une fête dans les jardins de Sceaux paraîtrait moins suspecte à Dubois et à Voyer d'Argenson qu'un conciliabule à l'Arsenal.

Aussi, comme on va le voir, rien n'avait-il été oublié pour rendre à l'ordre de la Mouche-à-Miel son ancienne splendeur, et pour ressusciter dans leur magnificence première ces fameuses nuits blanches qu'avait tant raillées Louis XIV.

En effet, à quatre heures précises, moment fixé pour la cérémonie, la double porte du salon s'ouvrit, et l'on aperçut, dans une galerie, tendue de satin incarnat, semée d'abeilles d'argent, sur un trône élevé de trois marches, la belle fée Ludovise, à qui la petitesse de sa taille et la délicatesse de ses traits, bien plus encore que la baguette d'or qu'elle tenait à la main, donnaient l'apparence de l'être aérien dont elle avait pris le nom. Elle fit un geste de la main, et toute sa cour, passant du salon dans la galerie, se rangea en demi-cercle autour de son trône, sur les marches duquel allèrent se placer les grands dignitaires de l'ordre. Lorsque chacun fut à son poste, une porte latérale s'ouvrit, et Bessac, enseigne des gardes de Mgr le duc du Maine, portant le costume de héraut, c'est-à-dire une robe cerise toute brodée d'abeilles d'argent, et coiffé d'un bonnet en forme de ruche, entra et annonça à haute voix :

— Son excellence le prince de Cellamare.

Le prince entra, s'avança d'un pas grave vers la reine des Abeilles, fléchit le genou sur la première marche de son trône et attendit (1).

— Prince de Samarcand, dit alors le héraut, prêtez une oreille attentive à la lecture des statuts de l'ordre que la grande fée Ludovise veut bien vous conférer, et songez sérieusement à ce que vous allez faire.

(1) Nous n'avons pas besoin de prévenir nos lecteurs que ces détails sont parfaitement historiques et que nous n'inventons ni n'imitons, mais que nous copions purement et simplement, non pas dans le *Malade imaginaire* ou dans le *Bourgeois gentilhomme*, mais dans les divertissements de Sceaux.

Le prince s'inclina en signe qu'il comprenait toute l'importance de l'engagement qu'il allait prendre :

Le héraut continua :

Article premier.

Vous jurez et promettez une fidélité inviolable, une aveugle obéissance à la grande fée Ludovise, dictatrice perpétuelle de l'ordre incomparable de la Mouche-à-Miel. Jurez par le sacré mont Hymette.

En ce moment une musique cachée se fit entendre, et un chœur de musiciens invisibles chanta :

> Jurez, seigneur de Samarcand,
> Jurez, digne fils du grand khan.

— Par le sacré mont Hymette, je le jure, dit le prince.

Alors le chœur reprit, mais renforcé cette fois de la voix de tous les assistants.

Il principe di Samarcand,
Il digno figlio del gran' khan,
   Ha guirato :
   Sia ricevuto.

Après ce refrain répété trois fois, le héraut reprit la lecture de son règlement :

Art. ii.

Vous jurez et promettez de vous trouver dans le palais enchanté de Sceaux, chef-lieu de l'ordre de la Mouche-à-Miel, toutes les fois qu'il sera question de tenir chapitre, et cela, toutes affaires cessantes, sans même que vous puissiez vous excuser sous prétexte de quelque incommodité légère, comme goutte, excès de pituite ou galle de Bourgogne (1).

Le chœur reprit :

---

(1) Quelques recherches que nous ayons faites sur cette maladie, nous n'avons pu retrouver ni sa cause ni ses effets.

Jurez, prince de Samarcand,
Jurez, digne fils du grand khan.

— Par le sacré mont Hymette, je le jure, dit le prince.

Art. III.

continua le héraut :

Vous jurez et promettez d'apprendre incessamment à danser toute contredanse comme furstemberg, derviches, pistolets, courantes, sarabandes, gigues et autres, et de les danser en tout temps; mais encore plus volontiers, si faire se peut, pendant la canicule, et de ne point quitter la danse, si cela ne vous est ordonné, que vos habits ne soient percés de sueur, et que l'écume ne vous en vienne à la bouche.

LE CHŒUR.

Jurez, prince de Samarcand,
Jurez, digne fils du grand khan.

LE PRINCE.

Par le sacré mont Hymette, je le jure.

LE HÉRAUT.

Art. IV.

Vous jurez et promettez d'escalader généreusement toutes les meules de foin de quelque hauteur qu'elles puissent être, sans que la crainte des culbutes les plus affreuses puisse jamais vous arrêter.

LE CHŒUR.

Jurez, prince de Samarcand,
Jurez, digne fils du grand khan.

LE PRINCE.

— Par le sacré mont Hymette, je le jure.

Art. V.

LE HÉRAUT.

Vous jurez et promettez de prendre en

votre protection toutes les espèces de mouches à miel, et de ne faire jamais mal à aucune, de vous en laisser piquer courageusement sans les chasser, quelque endroit de votre personne qu'il leur plaise d'attaquer, soit mains, joues, jambes, etc., dussent-elles, de ces piqûres, devenir plus grosses et plus enflées que celles de votre majordome.

LE CHŒUR.

Jurez, prince de Samarcand,
Jurez, digne fils du grand khan.

LE PRINCE.

Par le sacré mont Hymette, je le jure.

LE HÉRAUT.

Art. VI.

Vous jurez et promettez de respecter le premier ouvrage des mouches à miel, et à l'exemple de votre grande dictatrice, d'avoir en horreur l'usage profane qu'en font les apothicaires, dussiez-vous crever de replétion.

LE CHŒUR.

Jurez, prince de Samarcand,
Jurez, digne fils du grand khan.

LE PRINCE.

Par le sacré mont Hymette, je le jure.

LE HÉRAUT.

Article vii et dernier.

Vous jurez et promettez enfin de conserver soigneusement la glorieuse marque de votre dignité, et de ne jamais paraître devant votre dictatrice sans avoir à votre côté la médaille dont elle va vous honorer.

LE CHŒUR.

Jurez, prince de Samarcand,
Jurez, digne fils du grand khan.

LE PRINCE.

Par le sacré mont Hymette, je le jure.

A ce dernier serment, le chœur général reprit :

> Il principe di Samarcand,
> Il digno figlio del gran' khan,
> Ha giurato :
> Sia ricevuto.

Alors la fée Ludovise se leva, et prenant des mains de Malezieux la médaille suspendue au ruban orange, et faisant signe au prince d'approcher, elle prononça ces vers, dont le mérite était fort augmenté par l'à-propos de la situation :

> Digne envoyé d'un grand monarque,
> Recevez de ma main la glorieuse marque
> De l'ordre qu'on vous a promis :
> Thessandre, apprenez de ma bouche
> Que je vous mets au rang de mes amis
> En vous faisant chevalier de la Mouche.

Le prince mit un genou en terre, et la fée Ludovise lui passa au cou le ruban orange et la médaille qu'il soutenait.

Au même instant, le chœur général éclata, chantant tout d'une voix :

> Viva semprè, viva, ed in honore cresca
> Il novo cavaliere della Mosca.

A la dernière mesure de ce chœur général, une seconde porte latérale s'ouvrit à deux battants et laissa voir un magnifique souper servi dans une salle splendidement illuminée.

Le nouveau chevalier de la Mouche offrit alors la main à la dictatrice, la fée Ludovise, et tous deux s'acheminèrent vers la salle à manger, suivis du reste des assistants.

Mais à la porte de la salle à manger, ils furent arrêtés par un bel enfant habillé en

Amour et qui portait à la main un globe de cristal dans lequel on voyait autant de petits billets roulés qu'il y avait de convives. C'était une loterie d'un nouveau genre et qui était bien digne de servir de suite à la cérémonie que nous venons de raconter.

Parmi les cinquante billets que renfermait cette loterie, il y en avait dix sur lesquels étaient écrits les mots : chanson, madrigal, épigramme, impromptu, etc., etc. Ceux auxquels tombaient ces billets étaient forcés d'acquitter leur dette séance tenante et pendant le repas. Les autres n'étaient tenus qu'à applaudir, à boire et à manger.

A la vue de cette loterie poétique, les quatre dames se récrièrent sur la faiblesse de leur esprit, qui devait les exempter d'un pareil concours; mais madame la duchesse du Maine déclara que personne ne devait être exempt des chances du hasard. Seulement, les dames étaient autorisées à prendre un collaborateur, et le collaborateur, en échange, acquérait des droits à un baiser. Comme on le voit, c'était de la plus pure bergerie.

Cet amendement fait à la loi, la fée Ludovise introduisit la première sa petite main dans le globe de cristal et en tira un billet qu'elle déroula. Le billet portait le mot *impromptu*.

Chacun puisa après elle; mais soit hasard, soit disposition adroite des lots, les pièces de vers tombèrent presque toutes à Chaulieu, à Saint-Genest, à Malezieux, à Saint-Aulaire et à Lagrange-Chancel.

Mesdames de Croissy, de Rohan et de Brissac tirèrent les autres lots, et choisirent immédiatement pour collaborateurs Malezieux, Saint-Genest et l'abbé de Chaulieu, qui se trouvèrent ainsi chargés d'une double tâche.

Quant à d'Harmental, il avait, à sa grande joie, tiré un billet blanc, ce qui, comme nous l'avons déjà dit, bornait sa tâche à applaudir, à boire et à manger.

Cette petite opération terminée, chacun alla prendre à la table la place qui d'avance lui était désignée par une étiquette portant son nom.

II.

LES POÈTES DE LA RÉGENCE.

Cependant, hâtons-nous de le dire à la louange de madame la duchesse du Maine, cette fameuse loterie, qui rappelait avec avantage les plus beaux jours de l'hôtel Rambouillet, n'était pas si ridicule au fond qu'elle paraissait être à la superficie. D'abord les petits vers, les sonnets et les épigrammes étaient fort à la mode à cette époque, dont ils représentaient à merveille la futilité. Ce vaste foyer de poésie allumé par Corneille et par Racine allait s'éteignant, et sa flamme, qui avait éclairé le monde, ne se trahissait plus que par quelques pauvres petites étincelles qui brillaient dans le cercle d'une coterie, se répandaient dans une douzaine de ruelles et s'éteignaient aussitôt. Puis il y avait encore à cette lutte d'esprit un motif autre que celui de la mode : cinq à six personnes seulement étaient initiées au véritable but de la fête, et il fallait occuper par d'amusantes futilités deux heures d'un repas pendant lequel chaque physionomie serait un livre ouvert aux commentaires, et la duchesse du Maine n'avait rien trouvé de mieux pour cela que d'inventer un de ces jeux qui avaient fait appeler Sceaux les galeries du Bel Esprit.

Le commencement du dîner fut, comme toujours, froid et silencieux ; il faut s'accommoder avec ses voisins, reconnaître sur la table cette étroite part de propriété qui revient à chaque convive, puis enfin, si poëte et si berger que l'on soit, éteindre ce premier cri de la faim. Cependant le premier service disparu, ce léger chuchottement qui prélude à la conversation générale commença de se faire entendre. La belle fée Ludovise, seule préoccupée sans doute de l'impromptu que le sort lui avait fait écheoir en partage, et ne voulant pas donner le mauvais exemple en prenant un collaborateur, était silencieuse, ce qui, par une réaction toute naturelle, jetait une ombre de tristesse sur tout le repas. Malezieux vit qu'il était temps de couper le mal dans sa racine, et s'adressant à la duchesse du Maine :

— Belle fée Ludovise, lui dit-il, tes sujets

se plaignent amèrement de ton silence, auquel tu ne les as pas habitués, et me chargent de porter leur réclamation au pied de ton trône.

— Hélas! dit la duchesse, vous le voyez, mon cher chancelier, je suis comme le corbeau de la fable, qui veut imiter l'aigle et enlever un mouton. J'ai les pieds pris dans mon impromptu, et je ne peux plus m'en dépêtrer.

—Alors, répondit Malezieux, permets-nous de maudire pour la première fois les lois que tu nous as imposées. Mais tu nous as habitués au son de ta voix et au charme de ton esprit, belle princesse, si bien que nous ne pouvons plus nous en passer.

> Chaque mot qui sort de ta bouche
> Nous surprend, nous ravit, nous touche,
> Il a mille agréments divers.

> Pardonne, princesse, si j'ose
> Faire le procès à tes vers
> Qui nous ont privé de ta prose!

— Mon cher Malezieux, s'écria la duchesse, je prends l'impromptu à mon compte. Me voilà quitte envers la société, il n'y a plus que vous à qui je dois un baiser.

— Bravo! s'écrièrent tous les convives.

—Ainsi, à partir de ce moment, Messieurs, plus de conversations particulières, plus de chuchottement individuel, chacun se doit à tous. Allons, mon Apollon, continua la duchesse en se tournant vers Saint-Aulaire, qui parlait bas à madame de Rohan, près de laquelle il était placé, nous commençons notre inquisition par vous, dites-nous tout haut le secret que vous disiez tout bas à votre belle voisine.

Il paraît que le secret n'était pas de nature

à être répété tout haut, car madame de Rohan rougit jusqu'au blanc des yeux et fit signe à Saint-Aulaire de garder le silence; celui-ci la rassura d'un geste, puis se tournant vers la duchesse à laquelle il devait un madrigal :

— Madame, lui dit-il, répondant à son ordre et s'acquittant en même temps de l'obligation imposée par la loterie :

> La divinité qui s'amuse
> A me demander mon secret,
> Si j'étais Apollon, ne serait pas ma muse,
> Elle serait Thétis et le jour finirait!

Ce madrigal, qui devait cinq ans plus tard conduire Saint-Aulaire à l'Académie, eut un tel succès, que pendant quelques instants personne n'osa se hasarder à venir après lui. Il en résulta après les applaudissements obligés un silence d'un instant. La duchesse le rompit la première en reprochant à Laval de ne pas manger.

— Vous oubliez ma mâchoire, dit Laval en montrant sa mentonnière.

— Nous, oublier votre blessure ! reprit madame du Maine, une blessure reçue pour la défense du pays et au service de notre illustre père Louis XIV. Vous vous méprenez, mon cher Laval, c'est le régent qui l'oublie et non pas nous.

— En tout cas, dit Malezieux, il me semble, mon cher comte, qu'une blessure si bien placée est plutôt un motif de fierté que de tristesse.

> Mars t'a frappé de son tonnerre
> En mille aventures de guerre
> Dignes du grand nom de Laval.
> Il te reste un gosier pour boire,
> Cher ami, c'est le principal,
> Console-toi de la mâchoire.

— Oui, dit le cardinal de Polignac, mais si le temps qu'il fait continue, mon cher Malezieux, le gosier de Laval court grand risque de ne pas boire du vin cette année.

— Comment cela ? demanda Chaulieu avec inquiétude.

— Comment cela, mon cher Anacréon? ignorez-vous donc ce qui arrive au ciel?

— Hélas! dit Chaulieu en se tournant vers la duchesse, votre Éminence sait bien que je n'y vois plus même assez pour y distinguer les étoiles ; mais n'importe, pour ne pas y voir, je n'en suis que plus inquiet de ce qui s'y passe.

— Il s'y passe que mes vignerons m'écrivent de Bourgogne que tout est brûlé par le soleil, et que la récolte prochaine est perdue si d'ici à quelques jours nous n'avons de la pluie.

— Entendez-vous, Chaulieu, dit en riant madame la duchesse du Maine, de la pluie, vous qui avez si grande horreur de l'eau? Entendez-vous ce que son Éminence demande!

— Oh! cela est vrai, dit Chaulieu; mais il y a moyen de tout concilier :

<blockquote>
L'eau me fait horreur, ma commère;
A son aspect j'entre en colère,
Je frémis comme un enragé.
Cependant, malgré ma furie,
Aujourd'hui mon cœur est changé,
Nos vins demandent de la pluie.

Ciel, fais pleuvoir en diligence;
Verse de l'eau sur notre France,
Qui n'a déjà que trop pâti;
Elle aura beau tomber sur terre,
J'aurai soin de boire à l'abri,
De peur qu'il n'en tombe en mon verre.
</blockquote>

— Oh! vous nous ferez bien grâce pour ce soir, mon cher Chaulieu, s'écria la duchesse, et vous attendrez la pluie jusqu'à demain. La pluie dérangerait le divertissement que notre bonne Delaunay, votre amie, nous prépare en ce moment dans nos jardins.

—Ah! voilà donc ce qui nous prive du plaisir d'avoir notre aimable savante à notre table, dit Pompadour; elle se sacrifie pour nous, et nous l'oublions; nous étions de grands ingrats. A sa santé, Chaulieu!

Et Pompadour leva son verre, geste qui fut immédiatement imité par le sexagénaire amant de la future madame de Staël.

—Un instant, un instant! s'écria Malezieux en tendant son verre vide à Saint-Genest; peste! j'en suis aussi, moi!

> Je soutiens qu'un esprit solide
> Ne doit point admettre le vide,
> Et je prétends le réfuter.
> Partout je lui ferai la guerre,
> Et pour qu'on ne puisse en douter,
> Saint-Genest, remplis-moi mon verre.

Saint-Genest se hâta d'obéir à la sommation

du chancelier de Dombes ; mais en reposant la bouteille, soit hasard, soit fait exprès, il renversa une lumière, qui s'éteignit. Aussitôt madame la duchesse, qui suivait tout ce qui se passait de son œil vif et rapide, le railla sur sa maladresse. C'était sans doute ce que demandait le bon abbé, car se tournant aussitôt du côté de madame du Maine,

— Belle fée, dit-il, vous avez tort de me railler sur ma maladresse ; ce que vous prenez pour une gaucherie est un hommage rendu à vos beaux yeux.

— Et comment cela, mon cher abbé ? Un hommage rendu à mes yeux, dites-vous ?

— Oui, grande fée, continua Saint-Genest, je l'ai dit et je le prouve :

> Ma muse sévère et grossière
> Vous soutient que tant de lumière
> Est inutile dans les cieux.
> Sitôt que notre auguste Aminte

> Fait briller l'éclat de ses yeux,
> Toute autre lumière est éteinte.

Ce madrigal, si élégamment tourné, eût sans doute obtenu tout le succès qu'il méritait d'avoir si, au moment même où Saint-Genest disait le dernier vers, madame du Maine, malgré les efforts qu'elle faisait pour se retenir, n'eût outrageusement éternué, et cela avec un tel bruit, qu'au grand désappointement de Saint-Genest, le trait final en fut perdu pour la plupart des auditeurs ; mais dans cette société de chasseurs à l'esprit, rien ne pouvait se perdre : ce qui nuisait à l'un servait à l'autre ; et à peine la duchesse eût-elle laissé échappé cet intempestif éternuement, que Malezieux, le saisissant au vol, s'écria :

> Que je suis étonné
> Du bruit que fait le né

De la belle déesse ;
Car grande est la princesse,
Mais petit est le né
Qui m'a tant étonné.

Ce dernier impromptu était d'un précieux si superlatif que pour un instant il imposa silence à tous les autres, et qu'on redescendit des hauteurs de la poésie aux vulgarités de la simple prose.

Pendant tout le temps qu'avait eu lieu ce feu roulant de bel esprit, d'Harmental, usant de la liberté que lui donnait son billet blanc, avait gardé le silence, ou bien échangé avec Valef, son voisin, quelques paroles à voix basse, ou quelques sourires à demi réprimés. Au reste, comme l'avait pensé madame du Maine, malgré la préoccupation bien naturelle de quelques convives, l'ensemble du repas avait conservé une telle apparence de frivolité qu'il était impossible à des yeux étrangers de voir, sous cette frivolité apparente, serpenter la conspiration qui se tramait. Aussi, soit force sur elle-même, soit satisfaction de voir ses projets ambitieux tourner à si bonne fin, la belle fée Ludovise avait-elle fait les honneurs du repas avec une présence d'esprit, une grâce et une gaîté merveilleuses. De leur côté, comme on l'a vu aussi, Malezieux, Saint-Aulaire, Chaulieu et Saint-Genest l'avaient secondé de leur mieux.

Cependant le moment de quitter la table approchait; on entendait, à travers les fenêtres fermées et les portes entr'ouvertes, de vagues bouffées d'harmonie qui du jardin pénétraient jusque dans la salle à manger et annonçaient que de nouveaux divertissements attendaient les convives. De sorte que madame du Maine, voyant que l'heure approchait, annonça qu'ayant promis la veille à Fontenelle d'étudier le lever de l'Étoile de Vénus, elle avait dans la journée reçu de l'auteur des *Mondes* un excellent télescope, avec lequel elle invitait la société à faire sur ce bel astre ses études astronomiques. Cette annonce était une trop belle occasion offerte à Malezieux de lancer quelque madrigal pour qu'il n'en profitât point. Aussi, comme madame du Maine paraissait craindre que Vénus ne fût déjà levée.

— Oh! belle fée! dit-il, vous savez mieux que personne que nous n'avons rien à craindre.

> Pour observer dans vos jardins,
>   La lunette est tirée :
> Sortez du salon des festins,
>   On verra Cythérée.
> Oui, finissez ce long repas,
>   Princesse incomparable ;
> Vénus ne se lèvera pas
>   Tant que vous tiendrez table.

Malezieux terminait la séance comme il l'avait commencée; on se levait donc au milieu des applaudissements, lorsque Lagrange-Chancel, qui n'avait point prononcé une parole pendant tout le repas, se tournant vers la duchesse :

— Pardon, Madame, dit-il, mais, moi aussi, j'ai une dette à payer, et quoique personne ne la réclame, à ce qu'il paraît, je suis débiteur trop consciencieux pour ne pas m'acquitter.

— Oh! c'est vrai, mon archiloque, répondit la duchesse, n'avez-vous point un sonnet à nous dire?

— Non point, Madame, reprit Lagrange-Chancel : le sort m'a réservé une ode, et le sort a très bien fait, car je me connais, et suis peu propre à toutes ces poésies de ruelles qui ont cours aujourd'hui. Ma muse à moi, Madame, vous le savez, c'est Némésis, et mon inspiration, au lieu de descendre du ciel, monte des enfers. Ayez donc la bonté, madame la duchesse, de prier ces dames et ces messieurs de me prêter un instant l'attention que depuis le commencement du repas ils ont eu pour d'autres.

Madame du Maine ne répondit qu'en se rasseyant, et chacun aussitôt imita son exemple; puis il se fit un moment de silence, pendant lequel les yeux de tous les convives se portèrent avec une certaine inquiétude sur cet homme qui avouait lui-même que sa muse était une furie et son hypocrène l'Achéron.

Alors Lagrange-Chancel se leva; un feu sombre passa dans son regard, un sourire amer crispa sa lèvre, puis d'une voix sourde et qui s'harmoniait parfaitement avec les paroles qui sortaient de sa bouche, il dit les vers suivants qui devaient retentir jusqu'au Palais-Royal et faire tomber des yeux du régent les larmes d'indignation que Saint-Simon vit couler.

> Vous (1) dont l'éloquence rapide
> Contre deux tyrans inhumains,
> Eut jadis l'audace intrépide
> D'armer les Grecs et les Romains,
> Contre un monstre encore plus farouche,
> Mettez votre fiel dans ma bouche ;
> Je brûle de suivre vos pas,
> Et je vais tenter cet ouvrage,
> Plus charmé de votre courage,
> Qu'effrayé de votre trépas !
> A peine ouvrit-il ses paupières,
> Que tel qu'il se montre aujourd'hui,
> Il fut indigné des barrières
> Qu'il voit entre le trône et lui.
> Dans ces détestables idées
> De l'art des Circées, des Médées (2),
> Il fit ses uniques plaisirs ,

(1) Démosthènes et Cicéron.
(2) Comme on se le rappelle, le duc d'Orléans était excellent chimiste. Ce fut principalement sur les études qu'il faisait de cette science avec Humbert, que l'on fit reposer les calomnies dont la vie de Louis XV a fait justice.

Croyant cette voie infernale
Digne de remplir l'intervalle
Qui s'opposait à ses désirs.
Nocher des ondes infernales,
Prépare-toi sans t'effrayer
A passer les ombres royales
Que Philippe va t'envoyer !
O disgrâces toujours récentes !
O pertes toujours renaissantes !
Sujets de pleurs et de sanglots !
Tels, dessus la plaine liquide,
D'un cours éternel et rapide
Les flots sont suivis par les flots.
Ainsi les fils (1) pleurant leur père (2),
Sont frappés des mêmes coups ;
Le frère est suivi par le frère,
L'épouse devance l'époux (3) ;
Mais aux coups toujours plus funestes
Sur deux fils (4), nos uniques restes,
La faulx de la Parque s'étend ;
Le premier a rejoint sa race,
L'autre (5) dont la couleur s'efface,
Penche vers son dernier instant !

(1) Les ducs de Bourgogne et de Berry.
(2) Le vieux dauphin.
(3) M. le dauphin et madame la dauphine.
(4) Les fils du jeune dauphin.
(5) Louis XV.

O roi, depuis si longtemps ivre (1)
D'encens et de prospérité,
Tu ne te verras pas revivre
Dans ta triple postérité.
Tu sais d'où part ce coup sinistre,
Tu connais l'infâme ministre (2)
Digne d'un prince détesté ;
Qu'il expire avec son complice,
Tu sauveras par leur supplice
Le peu de sang qui t'est resté.
Poursuis ce prince sans courage (3).
Déjà par ses frayeurs vaincu.
Fais que dans l'opprobre et la rage
Il meure comme il a vécu ;
Que sur sa tête scélérate
Tombe le sort de Mithridate
Pressé des armes des Romains,
Et qu'en son désespoir extrême,
Il ait recours au poison même
Préparé par ses propres mains!

Il est impossible d'exprimer l'effet que produisirent ces vers, venant à la suite des im-

(1) Louis XIV.
(2) Humbert, le chimiste.
(3) On n'oubliera pas qu'il est ici question du héros de Steinkerque, de Nerwinde et de Lérida.

promptus de Malezieux, des madrigaux de Saint-Aulaire, des chansons de Chaulieu; chacun se regardait en silence et comme épouvanté de se trouver pour la première fois en face de ces hideuses calomnies qui jusque-là s'étaient traînées dans l'ombre, mais n'avaient point encore osé apparaître au grand jour. La duchesse elle-même, qui les avait le plus accréditées, avait pâli en voyant cette ode, hydre monstrueuse, dresser devant elle ses six têtes pleines de fiel et de venin. Le prince de Cellamare ne savait quelle contenance tenir, et la main du cardinal de Polignac tremblait visiblement en chiffonnant son rabat de dentelle.

Aussi le poète termina-t-il sa dernière strophe au milieu du même silence qui avait accueilli la première, et, comme embarrassé de ce mutisme général qui indiquait la désapprobation, même chez les plus fidèles. Madame du Maine venait de se lever; chacun suivit son exemple et passa avec elle dans les jardins.

Sur le perron, d'Harmental, qui sortait le dernier, heurta, sans y faire attention, Lagrange-Chancel, qui rentrait dans la salle pour y prendre le mouchoir que madame du Maine y avait oublié.

—Pardon, monsieur le chevalier, dit le poète irrité, en se redressant et en fixant sur d'Harmental ses deux petits yeux jaunis par la bile; voudriez-vous marcher sur moi, par hasard ?

—Oui, monsieur, répondit d'Harmental en le regardant avec dégoût de toute la hauteur de sa taille, et comme il eût fait d'un crapaud ou d'une vipère ; oui, si j'étais sûr de vous écraser !

Et, reprenant le bras de Valef, il descendit avec lui dans les jardins.

III.

LA REINE DES GROENLANDAIS.

. Comme on avait pu le comprendre pendant le dîner, et comme on pouvait le deviner par les divertissements que la duchesse du Maine avait l'habitude de donner à sa chartreuse de Sceaux, la fête, au commencement de laquelle nous avons fait assister nos lecteurs, allait déborder des salons dans les jardins, où de nouvelles surprises attendaient les convives. En effet, ces vastes jardins, dessinés par Le Nôtre pour Colbert, et que Colbert avait vendus à M. le duc du Maine, étaient devenus entre les mains de la duchesse une demeure véritablement féerique ; ces grands partis pris des jardins français, avec leurs vertes charmilles, leurs longues allées de tilleuls, leurs ifs taillés en coupes, en spirales et en pyramides, se prêtaient bien mieux que les jardins anglais, à petits massifs, à allées tortueuses et à horizons exigus, aux fêtes mythologiques, qui étaient de mode sous le grand roi. Ceux de Sceaux surtout, bornés seulement par une vaste pièce d'eau au milieu de laquelle s'élevait le pavillon de l'Aurore, ainsi nommé parce que c'était de ce pavillon que partait ordinairement le signal que la nuit allait finir et qu'il était temps de se retirer, avaient, avec leurs jeux de bagues et leurs jeux de paume et de ballon, un aspect d'un grandiose véritablement royal. Aussi chacun resta-t-il émerveillé lorsqu'en arrivant sur le perron on vit toutes ces hautes allées, tous ces beaux arbres, toutes ces gracieuses charmilles, liés l'un à l'autre par des guirlandes d'illuminations qui changeaient cette nuit obscure en un jour des plus splendides. En même temps une musique délicieuse se fit entendre sans que l'on pût voir d'où elle venait; puis au son de cette musique on vit se mouvoir dans la grande allée et s'approcher quelque chose de si étrange et de si inattendu, que dès qu'on eût reconnu à quoi l'on avait affaire, les éclats de rire partirent de tous côtés. C'était un jeu de quilles gigantesques qui s'approchait gravement dans la grande allée du milieu, précédé par son neuf et escorté par sa boule, et qui, s'étant avancé à quelque pas du perron, se disposa gracieusement dans les règles ordonnées, et après s'être incliné devant madame du Maine, tandis que la boule continuait de rouler jusqu'à ses pieds, commença de chanter une complainte fort triste, sur ce que, jusqu'à ce jour, le malheureux jeu de quilles, moins fortuné que les jeux de bagues, de ballon et de paume, avait été exilé des jardins de Sceaux, demandant qu'on revînt sur cette injustice, et que le droit de réjouir les nobles invités de la belle fée Ludovise lui fût accordé ainsi qu'à ses confrères. Cette complainte était une cantate à neuf voix, accompagnée par des violes et des flûtes, entrecoupée par des solos de basse chantés par la boule, de l'effet le plus original; aussi la demande qu'elle exprimait fut-elle appuyée par tous les convives et accordée par madame du Maine. Aussitôt et en signe d'allégresse, au signal que donna la boule en tournant sur elle-même, les neuf quilles commencèrent un ballet, accompagné de si singuliers hochements de tête et de si grotesques balancements de corps, que le succès des danseurs surpassa peut-être celui qu'avaient eu les chanteurs, et que madame du Maine, dans la satisfaction qu'elle ressentait de ce spectacle, exprima au jeu de quilles tout le regret qu'elle avait de l'avoir méconnu si longtemps, et toute la joie qu'elle éprouvait d'avoir fait sa connaissance, l'autorisant dès ce moment, et en vertu de sa puissance, comme reine des Abeilles, à s'appeler le noble jeu de quilles, afin qu'il ne restât en rien au-dessous de son rival le noble jeu de l'oie.

Aussitôt cette faveur accordée, les quilles

se rangèrent pour faire place à de nouveaux personnages que, depuis un instant, on voyait s'avancer par la grande allée : ces personnages, au nombre de sept, étaient entièrement couverts de fourrures qui dissimulaient leur taille, et de bonnets poilus qui cachaient leur visage; de plus, ils marchaient gravement, menant au milieu d'eux un traîneau conduit par deux rennes, ce qui indiquait une députation polaire. En effet, c'était une ambassade que les peuples du Groënland adressaient à la fée Ludovise ; cette ambassade était conduite par un chef portant une longue simarre doublée de martre et un bonnet en peau de renard, auquel on avait laissé trois queues qui pendaient symétriquement, une sur chaque épaule et l'autre par derrière. Arrivé en face de madame du Maine, ce chef s'inclina, et portant la parole au nom de tous :

— Madame, dit-il, les Groënlandais ayant délibéré dans une assemblée générale de la nation d'envoyer un des plus considérables d'entre eux vers votre Altesse sérénissime, j'ai eu l'honneur d'être choisi pour me mettre à leur tête et pour vous offrir de leur part la souveraineté de leurs états.

L'allusion était si visible, et cependant, par la façon dont elle était amenée, offrait si peu de danger qu'un murmure d'approbation courut par toute l'assemblée, et que, signe de sa future adhésion, un sourire des plus gracieux effleura les lèvres de la belle fée Ludovise ; aussi l'ambassadeur, visiblement encouragé par la manière dont était accueilli le commencement de son discours, reprit-il aussitôt :

— La renommée, qui n'annonce chez nous que les merveilles les plus rares, nous a instruits, au milieu de nos neiges, au fond de nos glaces, dans notre pauvre petit coin du monde, des charmes, des vertus et des inclinations de V. A. S. : nous savons qu'elle abhorre le soleil.

Cette nouvelle allusion fut saisie avec autant d'empressement et d'ardeur que la première ; en effet, le soleil était la devise du régent, et, comme nous l'avons dit, madame du Maine était connue pour sa prédilection en faveur de la nuit.

— Il en résulte donc, Madame, continua l'ambassadeur, que comme, vu notre position géographique, Dieu nous a, dans sa bonté, gratifié de six mois de nuit et de six mois de crépuscule, nous venons vous proposer de fuir chez nous ce soleil que vous haïssez ; et, en dédommagement de ce que vous abandonnez ici, nous vous offrons le titre de reine des Groënlandais, certains que nous sommes que votre présence fera fleurir nos campagnes arides, que la sagesse de vos lois domptera nos esprits indociles, et que, grâce à la douceur de votre règne, nous renoncerons à une liberté moins aimable que votre royale domination.

— Mais, dit madame du Maine, il me semble que le royaume que vous m'offrez est un peu loin, et je vous l'avoue, je crains les longs voyages.

— Nous avions prévu votre réponse, Madame, reprit l'ambassadeur ; et grâce aux enchantements d'un puissant magicien, de peur que, plus paresseuse que Mahomet, vous ne veuilliez pas aller à la montagne, nous nous sommes arrangés de façon que la montagne vînt à vous. — Holà, génies du pôle, continua le chef de l'ambassade en décrivant en l'air des cercles cabalistiques avec sa baguette, découvrez à tous les yeux le palais de votre nouvelle souveraine.

Au même moment une musique fantastique se fit entendre, et le voile qui couvrait le pavillon de l'Aurore s'étant enlevé comme par magie, la vaste pièce d'eau, demeurée sombre jusque-là comme un miroir terni, refléta une lumière si habilement disposée, qu'on l'eût prise pour celle de la lune. A cette lumière on vit alors se dessiner sur une île de glace et au pied d'un pic neigeux et transparent le palais de la reine des Groënlandais, auquel conduisait un pont si léger, qu'il paraissait fait d'un nuage flottant. Aussitôt, au milieu des acclamations générales, l'ambassadeur prit des mains d'un des personnages de sa suite une couronne qu'il posa sur la tête de la duchesse, et que la duchesse assura elle-même sur son front avec un geste si hautain, qu'on eût dit que c'était une couronne réelle qu'elle venait de recevoir ; puis montant dans le traîneau, elle s'achemina vers le palais marin, et tandis que les gardes empêchaient la foule de la suivre dans son nouveau domaine, elle traversa le pont et entra avec les sept ambassadeurs par une porte figurant une caverne. Au même instant le pont s'abîma, comme si, par une allusion non moins visible que les autres, l'habile machiniste eût voulu séparer le passé de l'avenir, et un feu d'artifice, éclatant au-dessus du pavillon de l'Aurore, exprima la joie qu'éprouvaient les Groënlandais à la vue de leur nouvelle reine.

Pendant ce temps, madame du Maine était introduite par un huissier dans la pièce la plus isolée de son nouveau palais, et les sept ambassadeurs ayant jeté bas bonnets et simarre, elle se trouva au milieu du prince de

Cellamare, du cardinal de Polignac, du marquis de Pompadour, du comte de Laval, du baron de Valef, du chevalier d'Harmental et de Malezieux. Quant à l'huissier qui l'attendait et qui, après avoir fermé avec soin toutes les portes, vint se mêler familièrement à cette noble assemblée, il n'était autre que notre viel ami l'abbé Brigaud.

Comme on le voit, les choses apparaissaient enfin sous leur véritable forme, et la fête, comme venaient de le faire les ambassadeurs, jetait bas à son tour masque et costume et tournait franchement à la conspiration.

— Messieurs, dit madame la duchesse du Maine avec sa vivacité habituelle, nous n'avons pas un instant à perdre, et une trop longue absence éveillerait des soupçons ; que chacun se hâte donc de raconter ce qu'il a fait, et que nous sachions enfin où nous en sommes.

— Pardon, Madame, dit le prince, mais vous m'aviez parlé, comme devant être des nôtres, d'un homme que je ne vois point ici, et que je serais désolé de ne point compter dans nos rangs.

— Du duc de Richelieu, voulez-vous dire, n'est-ce pas ? répondit madame du Maine. Eh bien oui, c'est vrai, il s'était engagé à venir, mais il aura été retenu par quelque aventure, distrait par quelque rendez-vous : il faudra nous en passer.

— Oui, sans doute, Madame, reprit le prince, oui, s'il ne vient pas, il faudra nous en passer; mais je ne vous cache pas que je verrais son absence avec un grand regret. Le régiment qu'il commande est à Bayonne, et grâce à cette résidence, qui le met à notre portée, il pourrait nous être parfaitement utile

Veuillez donc, je vous prie, madame la duchesse, donner l'ordre que s'il venait, il soit introduit.

— L'abbé, dit madame du Maine en se tournant vers Brigaud, vous avez entendu, prévenez d'Avranche.

Brigaud sortit pour exécuter l'ordre qu'il venait de recevoir.

— Pardon, monsieur le chancelier, dit d'Harmental à M. Malezieux ; mais il me semblait qu'il y a six semaines M. de Richelieu avait refusé positivement d'être des nôtres.

— Oui, répondit Malezieux, car il savait qu'il était désigné pour porter le cordon bleu au prince des Asturies, et il ne voulait pas se brouiller avec le régent au moment où, en récompense de cette ambassade, il allait probablement recevoir la Toison. Mais, depuis ce temps, le régent a changé d'avis ; et comme les cartes se brouillent avec l'Espagne, il a résolu d'ajourner l'envoi de l'ordre ; de sorte que M. de Richelieu voyant sa Toison renvoyée aux calendes grecques s'est rallié à nous.

— L'ordre de votre Altesse est transmis à qui de droit, Madame, dit l'abbé Brigaud en rentrant ; et si M. le duc de Richelieu apparaît à Sceaux, il sera immédiatement conduit ici.

— Bien, dit la duchesse ; maintenant asseyons-nous à cette table et procédons. Voyons, Laval, commencez.

— Moi, Madame, dit Laval, j'ai, comme vous le savez, été en Suisse, où, au nom et avec l'argent du roi d'Espagne, j'ai levé un régiment dans les Grisons. Ce régiment est prêt à entrer en France quand le moment en sera venu, attendu qu'il est armé et équi et n'attend plus que l'ordre de marcher.

— Bien, mon cher comte, bien, dit la duchesse ; et si vous ne regardez pas comme au-dessous d'un Montmorency d'être colonel d'un régiment en attendant mieux, vous prendrez le commandement de celui-là. C'est un moyen plus sûr d'avoir la Toison que de porter le Saint-Esprit en Espagne.

— Madame, dit Laval, c'est à vous qu'il convient de fixer à chacun la place que vous lui réservez, et celle que vous lui désignerez sera toujours acceptée avec reconnaissance par le plus humble de vos serviteurs.

— Et vous, Pompadour, dit madame du Maine, tout en remerciant d'un geste de la main le comte de Laval ; et vous, qu'avez-vous fait ?

— Selon les instructions de V. A. S., répondit le marquis, je me suis rendu en

Normandie, où j'ai fait signer la protestation de la noblesse; je vous rapporte trente-huit signatures et des meilleures.

Il tira un papier de sa poche.

— Voici la requête au roi, puis à la suite de la requête, les signatures; voyez, Madame.

— La duchesse prit si vivement le papier des mains du marquis de Pompadour qu'on eût dit qu'elle le lui arrachait. Puis jetant rapidement les yeux dessus.

— Oui, oui, dit-elle, vous avez bien fait de mettre cela : signé sans distinction ni différence des rangs et des maisons, afin que personne n'y puisse trouver à redire. Oui, cela épargne toute contestation de préséance. Bien. Guillaume-Alexandre de Vieux Pont, Pierre-Anne-Marie de Lapailleterie, de Beaufremont, de Latour-Dupin, de Châtillon.

Oui, vous avez raison. Ce sont les plus beaux et les meilleurs, comme ce sont les plus fidèles noms de France. Merci, Pompadour; vous êtes un digne messager, et, le cas échéant, on se souviendra de votre habileté et l'on changera les messages en ambassade.

— Et vous, chevalier, continua la duchesse en se tournant vers d'Harmental, armée de ce charmant sourire contre lequel elle savait qu'il n'y avait pas de résistance possible.

— Moi, Madame ? dit le chevalier; selon les ordres de Votre Altesse, je suis parti pour la Bretagne, et, arrivé à Nantes, j'ai ouvert mes dépêches et pris connaissance de mes instructions.

— Eh bien ? demanda vivement la duchesse.

— Eh bien ! Madame, reprit d'Harmental, j'ai été aussi heureux dans ma mission que MM. de Laval et de Pompadour dans la leur.

Voici l'engagement de MM. de Mont-Louis, de Bonamour, de Pont-Callet et de Rohan-Soldue. Que l'Espagne fasse seulement paraître une escadre en vue des côtes, et toute la Bretagne se soulèvera.

— Vous voyez! vous voyez, prince! s'écria la duchesse en s'adressant à Cellamare avec un accent plein d'ambitieuse joie, tout nous seconde.

— Oui, répondit le prince. Mais ces quatre gentilshommes, tout influents qu'ils sont, ne sont point les seuls qu'il nous faudrait avoir; il y a encore les Laguerche-Saint-Amant, les Bois-Davy, les Larochefoucault-Gondral, et que sais-je! les Décourt, les d'Érée qu'il serait important de gagner.

— Ils le sont, prince, dit d'Harmental, et voici leurs lettres... tenez...

Et tirant plusieurs lettres de sa poche, il en

ouvrit deux ou trois et lut au hasard :

« Je suis si flatté par le souvenir dont
« m'honore V. A. S., que dans une assemblée
« générale des États je joindrais ma voix à
« tous ceux du corps de la noblesse qui vou-
« dront lui prouver leur attachement.

« Marquis DECOURT. »

« Si j'ai quelque estime et quelque consi-
« dération dans ma province, je n'en veux
« faire usage que pour y faire valoir la justice
« de la cause de Votre Altesse sérénissime.

« LAROCHEFOUCAULT-GONDRAL. »

« Si le succès de votre affaire dépendait du
« suffrage de sept ou huit cents gentilshom-
« mes, j'ose vous assurer, Madame, qu'elle
« sera bientôt décidée en faveur de V. A. S.
« J'ai l'honneur de vous offrir de nouveau

« tout ce qui dépend de moi dans ces quar-
« tiers.

« Comte d'ÉRÉE. »

— Eh bien! prince, s'écria madame du Maine, vous rendrez-vous enfin ? Voyez, outre ces trois lettres, en voilà encore une de Lavauguyon, une de Bois-Cavy, une de Fumée. Tenez, tenez, chevalier, voici notre main droite; c'est celle qui tiendra la plume; qu'elle vous soit un gage qu'au jour où sa signature sera une signature royale, elle n'aura rien à vous refuser.

— Merci, Madame, dit d'Harmental en y posant respectueusement les lèvres; mais cette main m'a déjà donné plus que je ne mérite, et le succès lui-même me récompensera si grandement en mettant Votre Altesse à la place qu'elle doit occuper, que je n'aurai ce jour-là, vraiment, plus rien à désirer.

— Et maintenant, Valef, c'est votre tour, reprit la duchesse : nous vous avons gardé pour le dernier, parce que vous étiez le plus important. Si j'ai bien compris les signes que nous avons échangés pendant le dîner, vous n'êtes pas mécontent de leurs Majestés catholiques, n'est-ce pas ?

— Que dirait Votre Altesse sérénissime d'une lettre écrite de la main même de Sa Majesté Philippe ?

— Ce que je dirais d'une lettre écrite de la main même de Sa Majesté ! s'écria madame du Maine ; je dirais que c'est plus que je n'ai jamais osé espérer.

— Prince, dit Valef en passant un papier à Cellamare, vous connaissez l'écriture de Sa Majesté le roi Philippe V : assurez donc à S. A. R. qui n'ose pas le croire, que cette lettre est bien tout entière de sa main.

— Tout entière, dit Cellamare en inclinant la tête, tout entière, c'est la vérité.

— Et à qui est elle adressée? dit madame du Maine en la prenant aux mains du prince.

— Au roi Louis XV, Madame, dit Valef.

— Bon, bon, dit la duchesse, nous la ferons mettre sous les yeux de Sa Majesté par le maréchal de Villeroy. Voyons ce qu'il dit ; et elle lut aussi rapidement que le lui permettait la difficulté de l'écriture (1) :

« L'Escurial, 16 mars 1718.

« Depuis que la Providence m'a placé sur
« le trône d'Espagne, je n'ai pas perdu de vue
« pendant un seul instant les obligations de

---

(1) Cette lettre, qui se trouve aux archives des affaires étrangères, est effectivement tout entière de la main de Philippe V.

« ma naissance : Louis XIV, d'éternelle mé-
« moire, est toujours présent à mon esprit.
« Il me semble toujours entendre ce grand
« prince au moment de notre séparation me
« dire en m'embrassant : *Il n'y a plus de Pyré-*
« *nées!* Votre Majesté est le seul rejeton de
« mon frère ainé, dont je ressens tous les
« jours la perte : Dieu vous a appelé à la suc-
« cession de cette grande monarchie, dont la
« gloire et les intérêts me seront précieux
« jusqu'à la mort. Enfin, je vous porte au
« fond de mon cœur, et je n'oublierai jamais,
« pour rien au monde, ce que je dois à Votre
« Majesté, à ma patrie et à la mémoire de mon
« aïeul.

« Mes chers Espagnols, qui m'aiment avec
« tendresse et qui sont bien assurés de celle
« que j'ai pour eux, ne sont point jaloux des
« sentiments que je vous témoigne, et sentent

« bien que notre union est la base de la tran-
« quillité publique. Je me flatte que mes in-
« térêts personnels sont encore chers à une
« nation qui m'a nourri dans son sein, et que
« cette généreuse noblesse qui a versé tant de
« sang pour les soutenir regardera toujours
« avec amour un roi qui se glorifie de lui avoir
« obligation et d'être né au millieu d'elle. »

— Ceci s'adresse à vous, Messieurs, dit madame la duchesse du Maine, s'interrompant et saluant gracieusement de la main et du regard ceux qui l'entouraient, puis elle continua, impatiente qu'elle était de connaître le reste de l'épître :

« De quel œil donc vos fidèles sujets peuvent-
« ils regarder le traité qui se signe contre moi,
« ou pour mieux dire contre vous-même (1) ?

(1) Le traité de la quadruple alliance, que nous avons vu Dubois rapporter en triomphe de Londres.

« Depuis le temps que vos finances épuisées
« ne peuvent fournir aux dépenses courantes
« de la paix, on veut que Votre Majesté s'u-
« nisse à mon plus mortel ennemi (1) et me
« fasse la guerre si je ne consens à livrer la
« Sicile à l'archiduc.

« Je ne souscrirai jamais à ces conditions,
« elles me sont insupportables.

« Je n'entre pas dans les conséquences fu-
« nestes de cette alliance ; je me renferme à
« prier instamment Votre Majesté de convo-
« quer incessamment les États-généraux de son
« royaume, pour délibérer une affaire de si
« grande conséquence. »

— Les États-généraux! murmura le cardinal de Polignac.

— Eh bien! que dit Votre Éminence des

---

(1) L'empereur.

États-généraux? interrompit avec impatience madame du Maine. Cette mesure a-t-elle le malheur de ne point obtenir votre approbation?

— Je ne blâme ni n'approuve, Madame, répondit le cardinal ; seulement je songe que même convocation a été faite pendant la Ligue et que Philippe II s'en est assez mal trouvé.

— Les temps et les hommes sont changés, Monsieur le cardinal, reprit vivement la duchesse du Maine. Nous ne sommes plus en 1594, mais en 1718 : Philippe II était Flamand et Philippe V est Français : les mêmes résultats ne peuvent donc se représenter, puisque les causes sont différentes. Pardon, Messieurs. Et elle reprit sa lecture :

« Je vous fais cette prière au nom du sang
« qui nous unit, au nom de ce grand roi dont
« nous tirons notre origine, au nom de vos

« peuples et des miens : s'il y eut jamais occa-
« sion d'écouter la voix de la nation française,
« c'est aujourd'hui. Il est indispensable d'ap-
« prendre d'elle-même ce qu'elle pense, de
« savoir si en effet elle veut nous déclarer la
« guerre. Dans le temps où je suis prêt à
« exposer ma vie pour maintenir sa gloire et
« ses intérêts, j'espère que vous répondrez au
« plus tôt à la proposition que je vous fais ;
« que l'assemblée que je vous demande pré-
« viendra les malheureux engagements où nous
« pourrions tomber, et que les forces de l'Es-
« pagne ne seront employées qu'à soutenir la
« grandeur de la France et à humilier ses en-
« nemis, comme je ne les emploierai jamais
« que pour marquer à votre Majesté la ten-
« dresse sincère et inexprimable que j'ai pour
« elle. »

— Eh bien ! que dites-vous de cela, Messieurs? Sa Majesté catholique pouvait-elle plus faire pour nous? demanda madame du Maine.

— Elle pouvait joindre à cette lettre une épître directement adressée aux États-généraux, répondit le cardinal ; cette épître, si le roi eût daigné l'envoyer, aurait eu, j'en suis certain, une grande influence sur leur délibération.

— La voici, dit le prince de Cellamare en tirant à son tour un papier de sa poche.

— Comment, prince, reprit le cardinal, que dites-vous !

— Je dis que Sa Majesté catholique a été de l'avis de Votre Éminence, et qu'elle m'a adressé cette épître, qui est le complément de la lettre qu'elle a remise au baron de Valef.

— Alors, rien ne nous manque plus! s'écria madame du Maine.

— Il nous manque Bayonne, dit le prince de Cellamare en secouant la tête. Bayonne, la porte de la France !

En ce moment, d'Avranches entra annonçant M. le duc de Richelieu.

— Et maintenant, prince, il ne vous manque plus rien, dit en riant le marquis de Pompadour, car voilà celui qui en a la clé.

IV.

LE DUC DE RICHELIEU.

Enfin, s'écria la duchesse en voyant entrer Richelieu, c'est vous, Monsieur le duc ; serez-vous donc toujours le même et vos amis ne pourront-ils donc jamais compter sur vous plus que vos maîtresses ?

— Au contraire, Madame, dit Richelieu en

s'approchant de la duchesse et en baisant sa main avec ce respect facile qui indiquait l'homme pour lequel les femmes n'avaient point de rang. Au contraire, car aujourd'hui plus que jamais je prouve à Votre Altesse que je sais tout concilier.

— Ainsi vous nous faites un sacrifice, duc, dit en riant madame du Maine.

— Mille fois plus grand que vous ne pouvez vous en douter. Imaginez-vous qui je quitte?

— Madame de Villars, interrompit madame du Maine.

— Oh! non. Mieux que cela.

— Madame de Duras.

— Vous n'y êtes point.

— Madame de Nesle.

— Bah!

— Madame de Polignac. Ah! pardon, cardinal.

— Allez toujours. Cela ne regarde pas Son Éminence.

— Madame de Soubise, madame de Gabriant, madame de Gacé.

— Non, non, non.

— Mademoiselle de Charolais.

— Je ne l'ai pas vue depuis mon dernier voyage à la Bastille.

— Madame de Berry.

— Vous savez bien que depuis que Riom a eu l'idée de la battre, elle en est folle.

— Mademoiselle de Valois.

— Je la ménage pour en faire ma femme, quand nous aurons réussi et que je serai prince espagnol. Non, Madame ; je quitte pour Votre Altesse les deux plus charmantes grisettes!..

— Des grisettes !... ah ! fi donc ! s'écria la duchesse avec un mouvement de lèvres d'un indéfinissable dédain ; je ne croyais pas que vous descendissiez jusqu'à ces espèces.

—Comment, des espèces ! Deux charmantes femmes, madame Michelin et madame Renaud. Vous ne les connaissez pas ? Madame Michelin, une délicieuse blonde, une véritable tête de Creuze ; son mari est pâtissier. Je vous le recommande, duchesse. Madame Renaud, une brune adorable, des yeux bleus et des sourcils noirs... et dont le mari est, ma foi, je ne me rappelle plus bien...

— Ce qu'est M. Michelin probablement, dit en riant Pompadour.

— Pardon, monsieur le duc, reprit madame du Maine, qui avait perdu toute curiosité pour les aventures amoureuses de Richelieu du moment où ces aventures sortaient d'un certain monde, pardon, mais oserai-je vous rappeler que nous sommes rassemblés ici pour affaires sérieuses ?

— Ah! oui, nous conspirons, n'est-ce pas?
— Vous l'aviez oublié?

— Ma foi ! comme une conspiration n'est pas, vous en conviendrez, madame la duchesse du Maine, une chose des plus gaies, toutes les fois que je le peux, je l'avoue, j'oublie que je conspire; mais cela n'y fait rien. Toutes les fois aussi qu'il faut que je m'y remette, eh bien, je m'y remets. Voyons, madame la duchesse, où en sommes-nous de la conspiration ?

— Tenez, duc, dit madame du Maine, prenez connaissance de ces lettres, et vous serez aussi avancé que nous.

— Oh! que Votre Altesse m'excuse, Madame, dit Richelieu; mais véritablement je ne lis pas même celles qui me sont adressées, et j'en ai sept ou huit cents des plus charmantes écritures du monde et que je garde pour le délassement de mes vieux jours. Tenez, Malezieux, vous qui êtes la lucidité même, faites-moi un rapport.

— Eh bien, monsieur le duc, dit Malezieux, ces lettres sont les engagements des seigneurs bretons de soutenir les droits de Son Altesse.

— Très bien !

— Ce papier, c'est la protestation de la noblesse.

— Oh ! passez-moi ce papier. Je proteste.

— Mais vous ne savez pas contre quoi ?

— N'importe, je proteste toujours. Et prenant le papier, il écrivit son nom après celui de Guillaume-Antoine de Chastellux, qui était le dernier signataire.

— Laissez faire, Madame, dit Cellamare à la duchesse, le nom de Richelieu est bon à avoir, partout où il se trouve.

— Et cette lettre? demanda le duc, en indiquant du doigt la missive de Philippe V.

— Cette lettre, continua Malezieux, est une lettre de la main même du roi Philippe V.

— Eh bien! Sa Majesté catholique écrit encore plus mal que moi, dit Richelieu; cela me fait plaisir. Raffé qui dit toujours que c'est impossible.

— Si la lettre est d'une méchante écriture, les nouvelles qu'elle contient n'en sont pas moins bonnes, dit madame du Maine; car c'est une lettre qui prie le roi de France de réunir les États-généraux pour s'opposer à l'exécution du traité de la quadruple alliance.

— Ah! ah! fit Richelieu. Et Votre Altesse est-elle sûre des États-généraux ?

— Voilà la protestation qui engage la noblesse. Le cardinal répond du clergé, et il ne reste plus que l'armée.

— L'armée, dit Laval, c'est mon affaire. J'ai le blanc-seing de vingt-deux colonels.

D'abord, dit Richelieu, moi je réponds de mon régiment, qui est à Bayonne, et qui par conséquent se trouve en mesure de nous rendre de grands services.

— Oui, dit Cellamare, et nous comptons bien dessus, mais j'ai entendu dire qu'il était question de le changer de garnison.

— Sérieusement ?

— On ne peut plus sérieusement. Vous comprenez, duc, qu'il faut aller au-devant de cette mesure.

— Comment donc! à l'instant même. Du

papier... de l'encre... Je vais écrire au duc de Berwick. Au moment d'entrer en campagne, on ne s'étonnera point que je sollicite pour lui la faveur de ne point s'éloigner du théâtre de la guerre.

La duchesse du Maine se hâta de passer elle-même à Richelieu ce qu'il demandait, et prenant une plume, elle la lui présenta.

Le duc s'inclina, prit la plume et écrivit la lettre suivante, que nous copions textuellement et sans y changer une syllabe :

« Monsieur le duc de Berwick, pair et maréchal de France (1),

« Comme mon régiment, Monsieur, est des plus à portée de marcher, et qu'il est *après à*

---

(1) Le duc de Berwick avait été nommé lieutenant-général des armées du roi, au cas où la guerre aurait lieu, et avait accepté, quoique Philippe V l'eût nommé grand d'Espagne, duc et chevalier de la Toison-d'Or.

faire un abillement, qu'il perdrait totalement *sil*, avant qu'il fût achevé, il était obligé de faire quelque mouvement.

« J'ai l'honneur de vous *suplier*, Monsieur, de vouloir bien le laisser à Baionne *jusqau comencement* de mai que *l'abillement* sera fait, et je vous *suplie* de me croire, avec toute la considération possible, Monsieur, votre très humble et très obéissant serviteur,

« Duc de Richelieu. »

— Et maintenant lisez, Madame, continua le duc en passant le papier à madame du Maine, moyennant cette précaution le régiment ne bougera point de Bayonne.

La duchesse prit la lettre, la lut et la passa à son voisin qui la passa lui-même à un autre, de sorte que la lettre fit le tour de la table. Heureusement pour le duc, il avait affaire à ap trop grands seigneurs pour qu'ils s'inquiétassent de si peu de chose que de quelques lettres de plus ou de moins. Malezieux seul, qui était le dernier, ne put réprimer un léger sourire.

— Ah! ah! monsieur le poëte, dit Richelieu, qui se douta de la chose, vous riez. Il paraît que nous avons eu le malheur d'offenser cette prude ridicule qu'on appelle l'orthographe. Que voulez-vous? je suis un gentilhomme et l'on a oublié de me faire apprendre le français, en pensant que je pourrais toujours, moyennant quinze cents livres par an, avoir un valet de chambre qui écrirait mes lettres et qui ferait mes vers. Ainsi est-il. Ce qui ne m'empêchera point, mon cher Malezieux, d'être de l'Académie, non seulement avant vous, mais avant Voltaire.

— Et le cas échéant, monsieur le duc, sera-ce votre valet de chambre qui vous fera votre discours de réception?

— Il y travaille, monsieur le chancelier; et vous verrez qu'il ne sera pas plus mauvais que ceux que certains académiciens de ma connaissance ont faits eux-mêmes.

— Monsieur le duc, dit madame du Maine, ce sera sans doute une chose fort curieuse que votre réception dans l'illustre corps dont vous me parlez, et je vous promets de m'occuper, dès demain, de m'assurer une tribune pour ce grand jour. Mais, ce soir, nous nous occupons d'autre chose : revenons donc, comme madame Deshoulières, à nos moutons.

— Allons, belle princesse, dit Richelieu, puisque vous voulez vous faire absolument bergère, parlez, je vous écoute. Voyons, qu'avez-vous résolu ?

— Comme nous vous l'avons dit, d'obtenir du roi, au moyen de ces deux lettres, la convocation des États-généraux ; puis les États-généraux assemblés, sûrs des trois ordres, comme nous le sommes, nous faisons déposer le régent et nous faisons nommer Philippe V à sa place.

—Et comme Philippe V ne peut pas quitter Madrid, il nous donne ses pleins pouvoirs, et nous gouvernons la France à sa place... Eh bien, mais ce n'est point mal vu du tout, cela. Mais pour convoquer les États-généraux, il faut un ordre du roi.

— Le roi signera cet ordre, répondit madame du Maine.

—Sans que le régent le sache? reprit Richelieu.

— Sans que le régent le sache.

— Vous avez donc promis à l'évêque de Fréjus de le faire cardinal?

— Non, mais je promettrai à Villeroy la grandesse et la Toison.

— J'ai bien peur, madame la duchesse, dit le prince de Cellamare, que tout cela ne détermine pas le maréchal à une démarche qui entraîne une si grave responsabilité que celle que nous espérons obtenir de lui.

— Ce n'est pas le maréchal qu'il faudrait avoir, c'est sa femme.

— Ah! mais vous m'y faites songer, dit Richelieu. Je m'en charge, moi.

— Vous? dit la duchesse avec étonnement.

— Oui, moi, Madame, reprit Richelieu. Vous avez votre correspondance, j'ai la mienne. J'ai pris connaissance de sept ou huit lettres que Votre Altesse a reçues aujourd'hui.

Votre Altesse veut-elle prendre connaissance d'une seule que j'ai reçue hier ?

— Cette lettre est-elle pour moi seule, ou peut-elle être lue tout haut ?

— Mais, nous avons affaire à des gens discrets, n'est-ce pas ? dit Richelieu, regardant autour de lui avec un air d'indicible fatuité.

— Je le pense, reprit la duchesse ; d'ailleurs la gravité de la situation...

La duchesse prit la lettre et lut :

« Monsieur le duc,

« Je suis femme de parole : mon mari est enfin à la veille de partir pour le petit voyage que vous savez. Demain, à onze heures, je ne serai chez moi que pour vous. Ne croyez pas que je me décide à cette démarche sans avoir mis tous les torts du côté de M. Villeroy. Je commence à craindre pour lui que vous ne soyez chargé de le punir. Venez donc à l'heure convenue me prouver que je ne suis pas trop à blâmer de vous préférer à mon légitime seigneur et maître. »

— Ah! pardon! pardon de mon étourderie, madame la duchesse, ce n'est point celle-là que je voulais vous montrer; celle-là est celle d'avant-hier. Attendez, voici celle d'hier.

La duchesse du Maine prit la seconde lettre que lui présentait M. de Richelieu, et lut :

« Mon cher Armand,

— Est-ce bien celle-ci, et ne vous trompez-vous point encore? dit la duchesse en se retournant vers Richelieu.

— Non, Votre Altesse, cette fois c'est bien elle.

La duchesse reprit :

« Mon cher Armand,

« Vous êtes un avocat dangereux quand vous plaidez contre M. de Villeroy. J'ai besoin du moins de m'exagérer vos talents pour diminuer ma faiblesse ; vous aviez dans mon cœur un juge intéressé à vous faire gagner votre procès. Venez demain pour plaider de nouveau, je vous donnerai audience sur mon tribunal, comme vous appeliez hier le malheureux sofa du cabinet. »

— Et y avez-vous été?

— Certainement, Madame.

— Ainsi, la duchesse?...

— Fera, je l'espère, tout ce que nous voudrons, et comme elle fait faire à son mari tout ce qu'elle veut, nous aurons notre ordre de convocation des États-généraux au retour du maréchal.

— Et quand revient-il?

— Dans huit jours.

— Vous aurez le courage d'être fidèle tout ce temps-là, duc?

— Madame, quand j'ai embrassé une cause, je suis capable des plus grands sacrifices pour la faire triompher.

— Ainsi, nous pouvons compter sur votre parole?

— Je me dévoue.

— Messieurs, dit la duchesse du Maine, vous l'avez entendu; continuons d'opérer chacun de notre côté. Vous, Laval, agissez sur l'armée. Vous, Pompadour, sur la noblesse. Vous, cardinal, sur le clergé. Et laissons monsieur le duc de Richelieu agir sur madame de Villeroy.

— Et à quel jour notre nouvelle réunion ? demanda Cellamare.

— Mais tout cela dépendra des circonstances, prince, répondit la duchesse. En tout cas, si je n'avais pas le temps de vous faire prévenir, je vous enverrais quérir par la même voiture et le même cocher qui vous ont amenés à l'Arsenal la première fois que vous y êtes venu, puis se retournant vers Richelieu :

— Nous donnez-vous le reste de votre nuit duc ? continua madame du Maine en se levant.

— J'en demande pardon à Votre Altesse, répondit Richelieu ; mais c'est chose absolument impossible, je suis attendu rue des Bons-Enfants.

— Comment! mais vous avez donc renoué avec madame de Sabran?

— Nous n'avons jamais rompu, Madame, je vous prie de le croire.

— Mais prenez-y garde, duc, c'est de la constance, cela.

— Non, Madame, c'est du calcul.

— Allons, je vois que vous êtes en train de vous dévouer.

— Je ne fais jamais les choses à demi, madame la duchesse.

— Eh bien! Dieu nous aide, et nous prendrons exemple sur vous, monsieur le duc, nous vous le promettons. Allons, Messieurs, continua la duchesse, il y a tantôt une heure et demie que nous sommes ici, et il serait temps, je crois, de rentrer dans les jardins si nous ne voulons pas que l'on commente par trop notre absence. D'ailleurs, nous devons avoir sur le rivage une pauvre déesse de la Nuit qui nous attend pour nous remercier de la préférence que nous lui accordons sur le soleil, et il ne serait pas poli de la trop faire attendre.

— Avec la permission de Votre Altesse, Madame, dit Laval, il faut cependant que je vous retienne encore un instant pour vous soumettre l'embarras où je me trouve.

— Parlez, comte, reprit la duchesse, de quoi s'agit-il ?

— Il s'agit de nos requêtes, de nos protestations, de nos mémoires; il a été convenu, vous le savez, que nous ferions imprimer toutes ces pièces par des ouvriers qui ne sauraient pas lire.

— Après ?

— Eh bien, j'ai acheté une presse, je l'ai établie dans la cave d'une maison, derrière le Val-de-Grâce. J'ai enrôlé les ouvriers nécessaires, et nous avons eu jusqu'à présent, comme Votre Altesse a pu le voir, un résultat satisfaisant. Mais ne voilà-t-il pas que le bruit de la machine a fait croire aux voisins que nos gens fabriquaient de la fausse monnaie, et qu'hier une descente de la police a eu lieu dans la maison. Heureusement, on a eu le temps d'arrêter le travail et de rouler un lit sur la trappe, de sorte que les alguazils de Voyer d'Argenson n'y ont rien vu. Mais comme pareille visite pourrait se renouveler et ne pas tourner si heureusement, aussitôt leur départ j'ai congédié les ouvriers, enterré la presse et fait porter chez moi toutes les épreuves.

— Et vous avez bien fait, comte, s'écria le cardinal de Polignac.

— Oui, mais maintenant comment allons-nous faire? demanda madame du Maine.

— Transportons la presse chez moi, dit Pompadour.

— Ou chez moi, dit Valef.

— Non, non, dit Malezieux, une presse est un moyen trop dangereux, un homme de la police peut se glisser parmi les ouvriers et tout perdre. D'ailleurs, nous devons avoir bien peu de choses à imprimer maintenant.

— Oui, dit Laval, le plus fort est fait.

— Eh bien, continua Malezieux, mon avis serait de recourir tout simplement comme je l'avais proposé d'abord, à un copiste intelligent, discret et sûr, à qui on donnerait assez d'argent pour acheter son silence.

— Oh! de cette façon, ce serait bien plus sûr, s'écria M. de Polignac.

— Oui, mais où trouver un pareil homme, dit

le prince ; vous comprenez que, pour une affaire de cette importance, il serait dangereux de prendre le premier venu.

— Si j'osais, dit l'abbé Brigaud.

— Osez, l'abbé, osez, dit la duchesse du Maine.

— Je dirais, continua l'abbé, que j'ai votre affaire sous la main.

— Eh bien, quand je vous le disais, s'écria Pompadour, que l'abbé est un homme précieux.

— Mais véritablement ce qu'il nous faut ? demanda Polignac.

— Oh! Votre Éminence le ferait faire exprès, qu'elle ne trouverait pas mieux. Une véritable machine, qui écrira tout sans rien lire.

— Puis, pour plus grande précaution, dit le prince, nous pourrions rédiger en espagnol les pièces les plus importantes, et comme ces pièces sont spécialement destinées à Sa Majesté catholique, nous aurions le double avantage de procéder dans une langue inconnue à notre copiste, et comme naturellement cela lui donnera un peu plus de mal, ce sera une occasion de le payer plus cher, sans qu'il se doute lui-même de l'importance de ce qu'il copie.

— Alors, prince, dit Brigaud, j'aurai l'honneur de vous l'envoyer.

— Non pas, non pas, dit Cellamare, il ne faut pas que ce drôle mette le pied à l'ambassade d'Espagne. Tout cela se fera par intermédiaire, s'il vous plaît.

Oui, oui, nous arrangerons tout cela, dit madame du Maine ; l'homme est trouvé, c'est le principal ; vous en répondez, Brigaud.

— Oui, Madame, j'en réponds.

— C'est tout ce qu'il faut; maintenant, rien ne nous retient plus, continua la duchesse, monsieur d'Harmental, donnez-moi le bras, je vous prie.

Le chevalier s'empressa d'obéir à madame du Maine, qui, n'ayant pu jusque-là s'occuper de lui, ainsi qu'elle avait fait de tout le monde, saisissait cette occasion de lui exprimer, par cette faveur, sa reconnaissance pour le courage qu'il avait montré rue des Bons-Enfants et l'habileté dont il avait fait preuve en Bretagne.

A la porte du pavillon, les envoyés groënlandais, redevenus de simples invités de la fête de Sceaux, trouvèrent une petite galère pavoisée aux armes de France et d'Espagne, qui, à défaut du pont qui avait disparu, les attendait pour les conduire à l'autre bord. Madame du Maine y entra la première, fit asseoir d'Harmental près d'elle, laissant Malezieux faire les honneurs à Cellamare et à

Richelieu ; puis aussitôt, au signal donné par une musique cachée, la galère commença de voguer vers le rivage.

Comme l'avait dit la duchesse, la déesse de la Nuit, vêtue d'une longue robe de gaze noire, semée d'étoiles d'or, l'attendait de l'autre côté du petit lac, accompagnée des douze Heures qui se partagent son empire; la galère se dirigea vers ce groupe, qui, aussitôt qu'il vit la duchesse à portée de l'entendre, commença à chanter une cantate appropriée au sujet. Cette cantate s'ouvrait par un chœur de quatre vers, auquel succédait un solo, suivi lui-même d'une seconde reprise en chœur, le tout d'un goût si exquis que chacun se retourna vers Malezieux, le grand ordonnateur des fêtes, pour le féliciter sur ce divertissement. Seul au milieu de tous, et aux premières notes du solo, d'Harmental avait tressailli d'étrange façon, car la voix de la chanteuse avait avec une autre voix bien connue de lui et bien chère à son souvenir, une affinité telle que, quelque improbable que fût à Sceaux la présence de Bathilde, le chevalier s'était levé tout debout, par un mouvement plus fort que lui-même, pour regarder la personne dont l'accent lui avait fait éprouver une si singulière émotion. Malheureusement, malgré les flambeaux que les Heures ses sujettes tenaient à la main, il ne pouvait apercevoir le visage de la déesse, couvert qu'il était par un voile pareil à la robe dont elle était revêtue. Il entendait seulement cette voix pure, flexible, sonore, monter et redescendre, avec cette large, savante et facile méthode qu'il avait tant admirée lorsque la première fois cette voix l'avait frappé rue du Temps-Perdu, et chaque accent de cette voix, plus distincte à mesure qu'il approchait du rivage, retentissait jusqu'au fond de son cœur et le faisait frissonner de la tête aux pieds. Enfin, la galère aborda, le solo cessa et le chœur reprit. Mais d'Harmental, toujours debout et insensible à toute autre pensée qu'à celle qui l'occupait, continuait de suivre, dans son souvenir, la voix éteinte et les notes envolées.

— Eh bien, M. d'Harmental, dit la duchesse du Maine, êtes-vous si accessible aux charmes de la musique, qu'elle vous fasse oublier que vous êtes mon cavalier ?

— Oh! pardon, pardon, Madame, dit d'Harmental en sautant sur le rivage et en tendant la main à la duchesse, mais il m'avait semblé reconnaître cette voix, et cette voix, je dois l'avouer, me rappelle des souvenirs si puissants...

— Cela prouve que vous êtes un habitué de l'Opéra, mon cher chevalier, dit la duchesse du Maine, et que vous appréciez comme il convient le talent de mademoiselle Bury.

— Comment, cette voix que je viens d'entendre est celle de mademoiselle Bury? demanda d'Harmental avec étonnement.

— Elle-même, Monsieur, et si vous n'en croyez point ma parole, reprit la duchesse d'un ton où perçait une légère nuance de dépit, permettez-moi de prendre le bras de Laval ou de Pompadour, et allez vous en assurer vous-même.

— Oh! Madame, dit d'Harmental en retenant respectueusement la main que la duchesse avait fait un mouvement pour retirer, que Votre Altesse m'excuse. Nous sommes dans les jardins d'Armide, et un moment d'erreur est permis au milieu de pareils enchantements.

Et présentant de nouveau son bras à la duchesse, il s'éloigna avec elle dans la direction du château.

En cet instant, un faible cri se fit entendre, et si faible qu'il fût, il arriva au cœur de d'Harmental, qui se retourna presque malgré lui.

— Qu'y a-t-il? demanda la duchesse du Maine, avec une inquiétude mêlée d'impatience.

— Rien, rien, dit Richelieu, c'est la petite Bury qui a ses vapeurs; mais rassurez-vous, madame la duchesse, je connais la maladie, elle n'est point dangereuse... et même si vous le désirez bien fort, j'irai prendre demain de ses nouvelles.

Deux heures après ce petit accident, qui du reste était trop peu de chose pour troubler en rien la fête, le chevalier d'Harmental, ramené à Paris par l'abbé Brigaud, rentrait dans sa petite mansarde de la rue du Temps-Perdu, de laquelle il était absent depuis six semaines.

V.

JALOUSIE.

La première sensation qu'éprouva d'Harmental en rentrant chez lui, fut un sentiment de bien-être indéfinissable de se retrouver dans cette petite chambre dont chaque meuble lui rappelait un souvenir. Quoique absent depuis six semaines de son appartement, on eût dit qu'il l'avait quitté la veille, tant, grâce aux soins presque maternels de la bonne madame Denis, chaque chose se retrouvait à sa place. D'Harmental resta un instant sa bougie à la main, regardant tout autour de lui avec une expression qui ressemblait presque à de l'extase : c'est que toutes les autres impressions de sa vie s'étaient effacées devant celles qu'il avait ressenties dans ce petit coin du monde. Puis, ce premier moment passé, il courut à sa fenêtre, l'ouvrit et essaya de plonger un indicible regard d'amour à travers les vitres sombres de sa voisine. Sans doute Bathilde dormait, de son sommeil d'ange, ignorant que d'Harmental était revenu, qu'il était là, regardant sa fenêtre, tout frissonnant d'amour et d'espérance, comme si, chose impossible, cette fenêtre allait s'ouvrir et lui parler !

D'Harmental demeura ainsi plus d'une demi-heure, respirant à pleine poitrine l'air de la nuit, qui ne lui avait jamais semblé si pur et si frais ; et, reportant les yeux de cette fenêtre au ciel, et du ciel à cette fenêtre, D'Harmental alors seulement comprit combien Bathilde était devenue un besoin de sa vie, et combien l'amour qu'il éprouvait pour elle était profond et puissant.

Enfin, d'Harmental comprit qu'il ne pouvait passer la nuit tout entière à sa fenêtre, et refermant sa croisée, il entra chez lui; mais ce fut pour se remettre à cette recherche de souvenirs qu'avait fait naître en son cœur son retour dans sa petite chambre. Il ouvrit son piano, un peu désaccordé par sa longue absence, et fit rouler son doigt sur les touches au risque d'exciter de nouveau la colère du locataire du troisième. Du piano il passa au carton où était renfermé le portrait inachevé de Bathilde. Le pastel en était un peu effacé, mais c'était bien toujours la belle et chaste jeune fille, et la folle et capricieuse petite tête de Mirza. Tout était comme il l'avait quitté, à cette légère touche de destruction près que laisse toujours le temps sur les objets qu'en passant il effleure du bout de l'aile. Enfin, après s'être arrêté encore une dernière fois devant chaque objet, pressé par ce sommeil toujours si puissant à une certaine époque de la vie, il se coucha et s'endormit en repassant dans sa mémoire l'air de la cantate, chantée par mademoiselle Bury, dont il finit par faire, dans ce vague crépuscule de la pensée qui précède un complet assoupissement, une seule et même personne avec Bathilde.

En s'éveillant, d'Harmental bondit hors de son lit et courut à la fenêtre. La journée paraissait assez avancée : le soleil était magnifique; et cependant, malgré ces séductions si puissantes, la fenêtre de Bathilde était hermétiquement fermée. D'Harmental regarda à sa montre : il était dix heures.

Le chevalier se mit à sa toilette. Nous avons déjà avoué qu'il n'était point exempt d'une certaine coquetterie un peu féminine ; ce n'était point sa faute, mais celle de l'époque, où tout était maniéré, même la passion. Mais cette fois ce n'était pas sur l'expression de mélancolie de son visage qu'il comptait ; c'était sur la franche joie du retour, qui donnait à tous ses traits un caractère de bonheur admirable : il était évident que d'Harmental n'attendait qu'un regard de Bathilde pour se couronner roi de la création.

Ce regard, il vint le chercher à la fenêtre; mais celle de Bathilde était toujours fermée.

D'Harmental ouvrit alors la sienne, espérant que le bruit attirerait les regards de sa voisine ; rien ne bougea. Il y resta une heure : pendant cette heure aucun souffle ne vint même agiter les rideaux; on eût dit que la chambre de la jeune fille était abandonnée. D'Harmental toussa, d'Harmental ferma et rouvrit la fenêtre, d'Harmental détacha de petites parcelles de plâtre du mur et les jeta contre les carreaux; tout fut inutile.

Alors, à la surprise succéda l'inquiétude; cette fenêtre si obstinément close, devait indiquer au moins une absence, sinon un malheur. Bathilde absente, où pouvait être Bathilde ? quel événement avait eu l'influence de déplacer de son centre cette vie si calme, si douce, si régulière ? A qui demander, à qui s'informer ? Il n'y avait que la bonne madame Denis qui pût savoir quelque chose. Il était tout simple que d'Harmental, de retour dans la nuit, fît le lendemain une visite à sa propriétaire : d'Harmental descendit chez madame Denis.

Madame Denis n'avait pas vu son locataire depuis le jour du déjeûner ; elle n'avait point oublié les soins que d'Harmental avait donnés à son évanouissement : elle le reçut donc comme l'enfant prodigue.

Heureusement pour d'Harmental, mesdemoiselles Denis étaient occupées à leur leçon de dessin, et M. Boniface était chez son procureur; de sorte qu'il n'eut affaire qu'à sa respectable hôtesse. La conversation tomba tout naturellement sur l'ordre, le soin, la propreté maintenus dans la petite chambre en l'absence de celui qui l'occupait; de là à demander si pendant cette absence le logement d'en face avait changé de locataire, la transition était simple et facile : aussi la question posée sans affectation, amena-t-elle une réponse exempte de doute. La veille au matin, madame Denis avait encore vu Bathilde à sa fenêtre, et la veille au soir M. Boniface avait rencontré Buval rentrant de son bureau ; seulement le troisième clerc de M⁰ Joullu avait remarqué sur la figure du digne écrivain un air de majestueuse hauteur, que l'héritier du nom des Denis avait d'autant plus remarqué que cet air était d'autant moins habituel à la physionomie de son digne voisin.

C'était tout ce que d'Harmental voulait savoir. Bathilde était à Paris, Bathilde était chez elle. Sans doute, le hasard n'avait point encore dirigé les regards de la jeune fille vers cette fenêtre que depuis si longtemps elle avait vu fermée, vers cette chambre que depuis si longtemps elle savait vide. D'Harmental remercia de nouveau madame Denis pour toutes les bontés de son absence, qu'il espérait bien lui voir reporter sur son retour, et prit congé de sa bonne propriétaire avec une effusion de reconnaissance que celle-ci fut bien loin d'attribuer à sa véritable cause.

Sur le palier d'Harmental rencontra l'abbé Brigaud qui venait faire sa visite quotidienne à madame Denis. L'abbé demanda au chevalier s'il remontait chez lui, et sur sa réponse affirmative, lui annonça qu'en sortant de chez madame Denis, il grimperait jusqu'à son quatrième étage. D'Harmental, qui ne comptait pas sortir de la journée, lui promit de l'attendre.

En rentrant chez lui, d'Harmental alla droit à la fenêtre. Rien n'était changé chez sa voisine : les rideaux, scrupuleusement tirés, interceptaient jusqu'à la plus petite ouverture par laquelle le regard pouvait pénétrer. Décidément c'était un parti pris. D'Harmental résolut d'employer un dernier moyen qu'il avait réservé pour sa suprême ressource : il se mit à son piano, et, après un brillant prélude, chanta, sur un accompagnement de sa façon, l'air de la cantate de *la Nuit*, , qu'il avait entendue la veille, et qui depuis la première jusqu'à la dernière note, était restée dans son souvenir. Mais, quoique tout en chantant, son regard ne perdit point de vue l'inexorable fenêtre, tout resta muet et immobile : la chambre d'en face n'avait plus d'écho.

Mais en manquant l'effet auquel il s'attendait, d'Harmental en avait produit un autre auquel il ne s'attendait pas. En achevant la dernière mesure, il entendit des applaudissements retentir derrière lui; il se retourna et aperçut l'abbé Brigaud.

— Ah! c'est vous, l'abbé, dit d'Harmental en se levant et en allant fermer vivement sa fenêtre. Diable! je ne vous savais pas si grand mélomane.

— Ni vous si bon musicien. Peste! mon cher pupille, une cantate que vous avez entendue une fois, c'est merveilleux.

— L'air m'a paru fort beau, l'abbé, voilà tout, dit d'Harmental; et comme j'ai au plus haut degré la mémoire des sons, je l'ai retenu.

— Et puis, il était si admirablement chanté, n'est-ce pas? reprit l'abbé.

— Oui, dit d'Harmental, cette demoiselle Bury a une admirable voix, et la première fois que son nom sera sur l'affiche, je me suis déjà promis d'aller incognito à l'Opéra.

— Est-ce la voix que vous désirez entendre? demanda Brigaud.

— Oui, dit d'Harmental.

— Alors il ne faut point aller à l'Opéra pour cela.

— Et où faut-il aller ?

— Nulle part : restez ici, vous êtes aux premières loges.

— Comment, la déesse de la Nuit?

— C'était votre voisine.

— Bathilde! s'écria d'Harmental, je ne m'étais donc pas trompé, je l'avais reconnue! Oh! mais c'est impossible, l'abbé; comment se fait-il que Bathilde ait été cette nuit chez madame la duchesse du Maine?

— D'abord, mon cher pupille, rien n'est impossible dans le temps où nous vivons, répondit Brigaud; mettez-vous bien d'abord cela dans la tête avant de rien nier ou de rien entreprendre; croyez à la possibilité de tout, c'est le moyen sûr d'arriver à tout.

— Mais enfin, comment la pauvre Bathilde ?...

— Oui, n'est-ce pas, cela paraît étrange au premier abord; eh bien! cependant, rien n'est plus simple au fond. Mais l'histoire ne doit pas autrement vous intéresser, n'est-ce pas, chevalier? Ainsi, parlons d'autre chose.

— Si fait, l'abbé, si fait, dit d'Harmental; vous vous trompez étrangement, et l'histoire au contraire m'intéresse au suprême degré.

— Eh bien, mon cher pupille, puisque vous êtes si curieux, voilà toute l'affaire. L'abbé de Chaulieu connaît mademoiselle Bathilde; n'est-ce pas ainsi que vous appelez votre voisine?

— Oui; mais comment l'abbé de Chaulieu la connaît-il?

— Oh! d'une façon toute naturelle. Le tuteur de cette charmante enfant est, comme vous le savez ou comme vous ne le savez pas, un des copistes de la capitale qui possèdent un des plus beaux points d'écriture.

— Bon, après.

— Eh bien, après, comme M. de Chaulieu a besoin de quelqu'un qui recopie ses poésies, attendu que devenant aveugle, comme vous avez pu le voir, il est forcé de les dicter à mesure qu'elles lui viennent, à un petit laquais qui ne sait pas même l'orthographe, il s'est adressé au bonhomme Buvat pour lui confier cette importante besogne, et que par le bonhomme Buvat il a fait la connaissance de mademoiselle Bathilde.

— Mais tout cela ne me dit pas comment mademoiselle Bathilde se trouvait chez madame la duchesse du Maine.

— Attendez donc, toute histoire a son commencement, son nœud et sa péripétie, que diable !

— L'abbé, vous me faites damner.

— Patience, mon Dieu ! patience !

— J'en ai. Allez, je vous écoute.

— Eh bien ! ayant fait la connaissance de mademoiselle Bathilde, le bon Chaulieu a subi, comme les autres, l'influence du charme universel ; car vous saurez qu'il y a une espèce de magie attachée à la jeune personne en question, et qu'on ne peut la voir sans l'aimer.

— Je le sais, murmura d'Harmental.

— Donc, comme mademoiselle Bathilde est pleine de talents, et que non seulement elle chante comme un rossignol, mais encore qu'elle dessine comme un ange, le bon Chaulieu a parlé d'elle avec tant d'enthousiasme à mademoiselle Delaunay, que celle-ci a pensé à lui faire faire les costumes des différents personnages qui jouaient un rôle dans la fête qu'elle préparait, et à laquelle nous avons assisté hier soir.

— Tout cela ne me dit pas que c'était Bathilde et non mademoiselle Bury qui chantait la cantate de la Nuit.

— Nous y sommes.

— Enfin !

—Or, il est arrivé pour mademoiselle Delaunay ce qui arrive pour tout le monde : mademoiselle Delaunay a pris en amitié la petite magicienne. Au lieu de la renvoyer après lui avoir fait dessiner les costumes en question, elle l'a gardée trois jours à Sceaux. Elle y était donc encore avant-hier, enfermée avec mademoiselle Delaunay, dans sa chambre, lorsqu'on vint d'un air tout effaré annoncer à votre chauve-souris que le régisseur de l'Opéra la faisait demander pour une chose de la première importance. Mademoiselle Delaunay sortit, laissant Bathilde seule. Bathilde, restée seule, s'ennuya, et, comme mademoiselle Delaunay tardait à rentrer, Bathilde, pour se distraire, se mit au piano, commença par quelques accords, chanta deux ou trois gammes, puis trouvant le piano juste et se sentant en voix, commença un grand air, je ne sais plus de quel opéra, et cela avec tant de perfection, que mademoiselle Delaunay, en entendant ce chant auquel elle ne s'attendait pas, entr'ouvrit doucement la porte, écouta le grand air jusqu'au bout, et lorsqu'il fut fini, vint se jeter au cou de la belle chanteuse en lui criant qu'elle pouvait lui sauver la vie. Bathilde étonnée demanda en quoi et de quelle façon elle pouvait lui rendre un si grand service. Alors mademoiselle Delaunay lui raconta comme quoi mademoiselle Bury de l'Opéra s'était engagée à venir chanter le lendemain à Sceaux la cantate de *la Nuit*, et comme quoi s'étant trouvée gravement indisposée le jour même, elle faisait dire, à son grand regret, à Son Altesse royale madame du Maine qu'elle la suppliait de ne pas compter sur elle ; si bien qu'il n'y avait plus de nuit, et par conséquent plus de fête si Bathilde n'avait l'extrême obligeance de se charger de la susdite cantate. Bathilde, comme vous devez bien le penser, se défendit de toutes ses forces ; elle déclara qu'elle ne pouvait chanter ainsi de la musique qu'elle ne connaissait pas. Mademoiselle Delaunay posa la cantate devant elle. Bathilde dit que cette musique lui paraissait horriblement difficile. Mademoiselle Delaunay répondit que rien n'était difficile pour une musicienne de sa force. Bathilde voulut se lever. Mademoiselle Delaunay la força de se rasseoir. Bathilde joignit les mains .Mademoiselle Delaunay les lui sépara et les posa sur le piano ; le piano touché rendit un son. Bathilde, malgré elle, déchiffra la première mesure, puis la seconde, puis toute la cantate. A la seconde fois, elle attaqua le chant et le chanta jusqu'au bout avec une justesse d'intonation et un caractère d'expression admirables. Mademoiselle Delaunay était dans le délire. Madame du Maine arriva à son tour désespérée de ce qu'elle venait d'apprendre à l'endroit de mademoiselle Bury. Mademoiselle Delaunay pria Bathilde de recommencer la cantate. Bathilde n'osa refuser ; elle joua et chanta comme un ange. Madame du Maine joignit ses prières à celles de mademoiselle Delaunay. Le moyen de refuser quelque chose à madame du Maine! vous le savez, chevalier, c'est impossible. La pauvre Bathilde fut donc forcée de se rendre, et toute honteuse, toute confuse, moitié riant, moitié pleurant, elle consentit à ce qu'on voulut, à deux conditions : la première, c'est qu'elle irait dire elle-même à son bon ami Buvat la cause de son absence passée, et de son absence future ; la seconde, qu'elle resterait chez elle toute la soirée du jour et toute la matinée du lendemain, afin d'étudier la malheureuse cantate qui venait faire un si malencontreux déplacement dans toutes ses habitudes. Ces clauses furent débattues de part et d'autre, et accordées sous serment réciproque : serment de la part de Bathilde qu'elle serait de retour le lendemain à sept heures du soir ; serment de la part de mademoiselle Delaunay et de madame du Maine, que tout le monde continuerait de croire que c'était mademoiselle Bury qui avait chanté.

— Mais alors, demanda d'Harmental, comment ce secret a-t-il été trahi ?

—Ah! par une circonstance parfaitement inattendue, reprit Brigaud avec cet air d'étrange bonhomie qui faisait qu'on ne pouvait jamais deviner s'il raillait ou s'il parlait sérieusement. Tout avait été à merveille, comme vous avez pu le voir, jusqu'à la fin de la cantate, et la preuve, c'est que, ne l'ayant entendue qu'une fois, vous l'avez cependant retenue depuis un bout jusqu'à l'autre ; lorsqu'au moment où la galère qui nous ramenait du pavillon de l'Aurore au rivage touchait terre, soit émotion d'avoir ainsi chanté pour la première fois en public, soit qu'elle ait reconnu parmi les suivants de madame du Maine quelqu'un qu'elle ne s'attendait pas à voir en si bonne compagnie, sans que personne pût deviner pourquoi enfin la pauvre déesse de la Nuit poussa un cri et s'évanouit dans les bras des Heures ses compagnes. Dès lors tous les serments faits furent oubliés, toutes les promesses engagées mises à néant. On la débarrassa de son voile pour lui jeter de l'eau au visage ; de sorte que lorsque j'accourus, tandis que vous vous éloigniez, vous, en donnant le bras à Son Altesse, je fus fort étonné au lieu et place de mademoiselle Bury, de reconnaître votre jolie voisine. J'interrogeai alors mademoiselle Delaunay, et, comme il n'y avait plus moyen de garder l'incognito, elle me raconta ce qui s'était passé, toujours sous le sceau du secret, que je trahis pour vous seul, mon cher pupille, et parce que, je ne sais pourquoi, je ne sais rien vous refuser.

— Et cette indisposition ? demanda d'Harmental avec inquiétude.

— Ce n'était rien, un éblouissement momentané, une émotion passagère qui n'a pas eu de suite, puisque, quelque prière qu'on ait pu lui faire, Bathilde n'a pas même voulu rester une demi-heure de plus à Sceaux, et qu'elle a demandé avec tant d'instances à revenir chez elle, qu'on a mis une voiture à sa disposition, et qu'une heure avant nous elle devait être de retour.

— De retour. Ainsi vous êtes sûr qu'elle est de retour. Merci l'abbé ; voilà tout ce que je voulais savoir, voilà tout ce que je voulais vous demander.

— Et maintenant, dit Brigaud, je peux m'en aller, n'est-ce pas ? vous n'avez plus besoin de moi, vous savez tout ce que vous vouliez savoir.

— Je ne dis pas cela, mon cher Brigaud ; au contraire, restez, vous me ferez plaisir.

— Non, merci; j'ai moi-même un tour à faire par la ville. Je vous laisse à vos réflexions, mon très-cher pupille.

— Et quand vous reverrai-je, l'abbé? demanda machinalement d'Harmental.

— Mais demain, probablement, répondit l'abbé.

— A demain, alors.

— A demain.

Sur quoi l'abbé, riant de ce rire qui n'appartenait qu'à lui, gagna la porte de la chambre, tandis que d'Harmental rouvrait sa fenêtre, décidé à y rester en sentinelle jusqu'au lendemain s'il le fallait, ne dût-il, pour prix de cette longue station, n'entrevoir Bathilde qu'un instant, une seconde.

Le pauvre gentilhomme était amoureux comme un étudiant.

VI.

UN PRÉTEXTE.

A quatre heures et quelques minutes, d'Harmental aperçut Buvat qui tournait le coin de la rue du Temps-Perdu, du côté de la rue Montmartre. Le chevalier crut remarquer que l'honnête écrivain marchait d'une allure plus pressée que d'habitude, et qu'au lieu de tenir sa canne perpendiculairement comme fait un bourgeois qui marche, il la tenait horizontalement, comme un coureur qui trotte. Quant à cet air de majesté qui avait tant frappé la veille M. Boniface, il avait entièrement disparu pour faire place à une légère expression d'inquiétude. Il n'y avait pas à s'y tromper, Buvat ne revenait si diligemment que parce qu'il était inquiet de Bathilde : Bathilde était donc souffrante !

Le chevalier suivit des yeux le digne écrivain jusqu'au moment où il disparut sous la porte de l'allée qui donnait entrée à la maison qu'il habitait. D'Harmental, avec raison, présumait qu'il entrerait chez Bathilde au lieu d remonter chez lui, et il espérait qu'il ouvrirait enfin la fenêtre aux derniers rayons du soleil, qui depuis le matin venait la caresser. Mais d'Harmental se trompait ; Buvat se contenta de soulever le rideau et de venir coller sa grosse face sur une vitre, tout en tambourinant avec les deux mains sur les deux vitres voisines ; encore son apparition fut-elle de bien courte durée, car au bout d'un instant il se retourna vivement comme fait un homme qu'on appelle : et laissant retomber le rideau de mousseline qu'il avait rejeté derrière lui, il disparut. D'Harmental présuma que la disparition était motivée par un appel à l'appétit de son voisin; cela lui rappela que, préoccupé de l'obstination que mettait cette malheureuse fenêtre à ne pas s'ouvrir, il avait oublié le déjeûner, ce qui, il faut le dire à la honte de la sentimentalité de d'Harmental, était une bien grande infraction à ses habitudes.

Or, comme il n'y avait pas de chance que la fenêtre s'ouvrît tant que ses voisins seraient occupés à dîner, le chevalier résolut de mettre ce moment à profit en dînant lui-même. En conséquence, il sonna son concierge, lui ordonna d'aller chercher chez le rôtisseur le poulet le plus gras et chez le fruitier les plus beaux fruits qu'il pourrait trouver. Quant au vin, il lui en restait encore quelques vieilles bouteilles de l'envoi que lui avait fait l'abbé Brigaud.

D'Harmental mangea avec un certain remords : il ne comprenait pas qu'il pût être à la fois si tourmenté et avoir tant d'appétit. Heureusement il se rappela avoir lu, dans je ne sais quel moraliste, que la tristesse creusait affreusement l'estomac. Cette maxime mit sa conscience en repos; et il en résulta que le malheureux poulet fut dévoré jusqu'à la carcasse.

Quoique l'action de dîner fût fort naturelle

en elle-même et n'offrît, certes, rien de répréhensible, d'Harmental, avant de se mettre à table, avait fermé sa fenêtre tout en se ménageant, par l'écartement du rideau, un petit jour au moyen duquel il découvrait les étages supérieurs de la maison qui faisait face à la sienne. Grâce à cette précaution, au moment où il achevait son repas, il aperçut Buvat qui, sans doute après avoir terminé le sien, apparaissait à la fenêtre de sa terrasse. Comme nous l'avons dit, il faisait un temps magnifique, aussi Buvat parut-il très disposé à en profiter ; mais comme Buvat était de ces êtres à part pour qui le plaisir n'existe qu'à la condition qu'il sera partagé, d'Harmental le vit se retourner, et à son geste, il présuma qu'il invitait Bathilde, qui sans doute l'avait accompagné chez lui, à le suivre sur la terrasse. En conséquence, un instant d'Harmental espéra qu'il allait voir paraître la jeune fille, et se leva le cœur bondissant ; mais il se trompait. Si tentante que fût cette belle soirée, si éloquente que fût la prière par laquelle Buvat invitait sa pupille à en jouir, tout fut inutile ; mais il n'en fut pas de même de Mirza, qui, sautant sur la fenêtre sans y être invitée, se mit à bondir joyeusement sur la terrasse, en tenant à sa gueule le bout d'un ruban gorge de pigeon qu'elle faisait flotter comme une banderole, et que d'Harmental reconnut pour celui qui serrait le bonnet de nuit de son voisin. Celui-ci le reconnut aussi, car se lançant aussitôt à la poursuite de Mirza, il fit, en la poursuivant de toute la force de ses petites jambes, trois ou quatre fois le tour de la terrasse, exercice qui se fût sans doute indéfiniment prolongé si Mirza n'avait eu l'imprudence de se réfugier dans la fameuse caverne de l'hydre dont nous avons donné à nos lecteurs une si pompeuse description. Buvat hésita un instant à plonger son bras dans l'antre, mais enfin faisant un effort de courage, il y poursuivit la fugitive, et au bout d'un instant, le chevalier lui vit retirer sa main armée du bienheureux ruban, que Buvat passa et repassa sur son genou pour en effacer les froissures, après quoi il le plia proprement, et rentra dans sa chambre pour le serrer sans doute en quelque tiroir où il fût à l'abri de l'espièglerie de Mirza.

C'était ce moment que le chevalier attendait. Il ouvrit sa fenêtre, passa sa tête entre les deux battants entr'ouverts et attendit. Au bout d'un instant Mirza sortit à son tour sa tête de la caverne, regarda autour d'elle, bâilla, secoua les oreilles et sauta sur la terrasse. En ce moment le chevalier l'appela du ton le plus caressant et le plus séducteur qu'il put prendre. Mirza tressaillit au son de la voix ; puis, guidés par la voix, ses yeux se dirigèrent vers le chevalier. Au premier regard elle reconnut l'homme aux morceaux de sucre, poussa un petit grognement de joie, puis, avec une pensée d'instinctive gastronomie aussi rapide que l'éclair, elle s'élança d'un seul bond par la fenêtre de Buvat, comme fait le cerf Coco à travers son tambour, et disparut. D'Harmental baissa la tête, et presque au même instant entrevit Mirza qui traversait la rue comme une vision et qui, avant que le chevalier eût eu le temps de refermer sa fenêtre, grattait déjà à sa porte. Heureusement pour d'Harmental, Mirza avait la mémoire du sucre développée à un degré égal où il avait, lui, celle des sons.

On devine que le chevalier ne fit point attendre la charmante petite bête, qui s'élança toute bondissante dans la chambre, en laissant échapper des signes non équivoques de la joie que lui donnait ce retour inattendu. Quant à d'Harmental, il était presque aussi heureux que s'il eût vu Bathilde. Mirza, c'était quelque chose de la jeune fille, c'était sa levrette bien-aimée, tant caressée, tant baisée par elle, qui le jour alongeait sa tête sur ses genoux, qui le soir couchait sur le pied de son lit; c'était la confidente de ses chagrins et de son bonheur, c'était en outre une messagère sûre, rapide, excellente, et c'est à ce dernier titre surtout que d'Harmental l'avait attirée chez lui et venait de si bien la recevoir.

Le chevalier mit Mirza à même du sucrier, s'assit à son secrétaire, et laissant parler son cœur et courir sa plume, écrivit la lettre suivante :

« Chère Bathilde, vous me croyez bien cou-
« pable, n'est-ce pas? mais vous ne pouvez
« pas savoir les étranges circonstances dans
« lesquelles je me trouve et qui sont mon
« excuse ; si j'étais assez heureux pour vous
« voir un instant, un seul instant, vous com-
« prendriez comment il y a en moi deux per-
« sonnages si différents, le jeune étudiant de
« la mansarde et le gentilhomme des fêtes de
« Sceaux; ouvrez-moi donc ou votre fenêtre,
« pour que je puisse vous voir, ou votre porte,
« pour que je puisse vous parler; permettez-
« moi d'aller vous demander mon pardon à
« genoux. Je suis sûr que lorsque vous sau-
« rez combien je suis malheureux, et surtout
« combien je vous aime, vous aurez pitié de
« moi.

« Adieu ou plutôt au revoir, chère Ba-
« thilde ; je donne à notre charmante messa-
« gère tous les baisers que je voudrais déposer
« sur vos jolis pieds.

« Adieu encore, je vous aime plus que je ne
« puis le dire, plus que vous ne pouvez le
« croire, plus que vous ne vous en douterez
« jamais.

« RAOUL. »

Ce billet, qui eût paru bien froid à une
femme de notre époque, parce qu'il ne disait
juste que ce que celui qui écrivait voulait
dire, parut fort suffisant au chevalier, et véritablement était fort passionné pour l'époque ; aussi d'Harmental le plia-t-il sans y rien
changer, et l'attacha-t-il comme le premier,
sous le collier de Mirza ; puis enlevant alors
le sucrier, que la gourmande petite bête sui-

vit des yeux jusqu'à l'armoire où d'Harmental le renferma, le chevalier ouvrit la porte de sa chambre et indiqua du geste à Mirza ce qui lui restait à faire. Soit fierté, soit intelligence, Mirza ne se le fit point redire à deux fois, s'élança dans l'escalier comme si elle avait des ailes, ne s'arrêta que le temps juste de donner en passant un coup de dent à M. Boniface, qui rentrait de chez son procureur, traversa la rue comme un éclair, et disparut dans l'allée de la maison de Bathilde. Un instant encore d'Harmental demeura avec inquiétude à la fenêtre, car il craignait que Mirza n'allât rejoindre Buvat sous le berceau de chèvre-feuille, et que la lettre ne se trouvât détournée ainsi de sa véritable destination. Mais Mirza n'était point bête à commettre de pareilles méprises, et comme au bout de quelques secondes d'Harmental ne la vit point paraître à la fenêtre de la terrasse, il en augura avec beaucoup de sagacité qu'elle s'était intelligemment arrêtée au quatrième. En conséquence, pour ne point trop effaroucher la pauvre Bathilde, il ferma sa fenêtre, espérant qu'à l'aide de cette concession il obtiendrait quelque signe qui lui indiquerait qu'on était en voie de lui pardonner.

Mais il n'en fut point ainsi : d'Harmental attendit vainement toute la soirée et une partie de la nuit. A onze heures, la lumière, à peine visible à travers les doubles rideaux toujours hermétiquement fermés, s'éteignit tout-à-fait. Une heure encore d'Harmental veilla à sa fenêtre ouverte pour saisir la moindre apparence de rapprochement ; mais rien ne parut, tout resta muet, comme tout était sombre, et force fut à d'Harmental de renoncer à l'espoir de revoir Bathilde avant le lendemain.

Mais le lendemain ramena les mêmes rigueurs : c'était un parti pris de défense qui, pour un homme moins amoureux que d'Harmental, eût purement et simplement indiqué la crainte de la défaite; mais le chevalier ramené par un sentiment véritable à la simplicité de l'âge d'or, n'y vit, lui, qu'une froideur à l'éternité de laquelle il commença de croire; il est vrai qu'elle durait depuis vingt-quatre heures.

D'Harmental passa la matinée à rouler dans sa tête mille projets plus absurdes les uns que les autres. Le seul qui eût le sens commun était tout bonnement de traverser la rue, de monter les quatre étages de Bathilde, d'entrer chez elle et de lui tout dire ; il lui vint à l'esprit comme les autres, mais comme c'était le seul qui fût raisonnable, d'Harmental se garda bien de s'y arrêter. D'ailleurs, c'était une hardiesse bien grande que de se présenter ainsi chez Bathilde, sans y être autorisé par le moindre signe, ou tout au moins sans y être conduit par quelque prétexte. Une pareille façon de faire pouvait blesser Bathilde, et elle n'était déjà que trop irritée; mieux valait donc attendre, et d'Harmental attendit.

A deux heures, Brigaud entra et trouva d'Harmental d'une humeur massacrante. L'abbé jeta un coup-d'œil de côté sur la fenêtre, toujours hermétiquement fermée, et devina tout. Il prit une chaise, s'assit en face de d'Harmental, et tournant ses pouces l'un autour de l'autre comme il voyait faire au chevalier :

— Mon cher pupille, lui dit-il après un instant de silence, ou je suis mauvais physionomiste, ou je lis sur votre visage qu'il vous est arrivé quelque chose de profondément triste.

— Et vous lisez bien, mon cher abbé, dit le chevalier. Je m'ennuie.

— Ah! vraiment!

— Et si bien, continua d'Harmental, qui avait besoin d'épancher la bile qu'il avait faite la veille, que je suis tout prêt à envoyer votre conspiration à tous les diables.

— Oh! chevalier, il ne faut pas jeter ainsi le manche après la cognée. Comment! envoyer la conspiration à tous les diables quand elle va comme sur des roulettes. Allons donc! et que diraient donc les autres?

— Vous êtes charmant, vous et les autres; les autres, mon cher, ils courent le monde, ils vont au bal, à l'Opéra, ils ont des duels, des maîtresses, de la distraction enfin, et ils ne sont pas forcés de se tenir comme moi renfermés dans une mauvaise mansarde.

— Eh bien ! mais ce piano, ces pastels?

— Avec cela que c'est encore bien distrayant, votre musique et votre dessin !

— Ce n'est pas distrayant quand on dessine ou qu'on chante seul ; mais enfin quand on peut dessiner et chanter en compagnie, cela commence déjà à mieux faire.

— Et avec qui diable voulez-vous que je dessine et que je chante?

— Vous avez d'abord les deux demoiselles Denis !

— Ah oui ! avec cela qu'elles chantent juste et qu'elles dessinent bien, n'est-ce pas?

— Mon Dieu, je ne vous les donne pas comme des virtuoses et comme des artistes, et je sais bien qu'elles ne sont pas de la force de votre voisine. — Eh bien ! mais à propos, votre voisine ?

— Eh bien ! ma voisine ?

— Pourquoi ne faites-vous pas de la musique avec elle, par exemple? elle qui chante si bien : cela vous distrairait.

— Est-ce que je la connais, ma voisine? est-ce qu'elle ouvre seulement sa fenêtre? Voyez, depuis hier matin, elle est barricadée chez elle. Ah! oui, ma voisine, elle est aimable !

— Eh bien, voyez, on m'avait dit qu'elle était charmante, à moi.

— D'ailleurs, comment voulez-vous que nous chantions chacun dans notre chambre? cela ferait un singulier duo !

— Non pas; chez elle.

— Chez elle! Est-ce que je lui suis présenté? est-ce que je la connais?

— Eh bien, mais on prend un prétexte.

— Eh! depuis hier j'en cherche un.

— Et vous ne l'avez pas encore trouvé? un

homme d'imagination comme vous! Ah! mon cher pupille! je ne vous reconnais pas là.

— Tenez, l'abbé, trêve de plaisanterie, je ne suis pas en train aujourd'hui ; que voulez-vous, on a ses jours, et aujourd'hui je suis stupide.

— Eh bien, ces jours-là on s'adresse à ses amis.

— A ses amis ; pourquoi faire ?

— Pour trouver le prétexte qu'on cherche vainement soi-même.

— Eh bien! l'abbé, mon ami, trouvez-moi ce prétexte. Allons, j'attends.

— Rien n'est plus facile.

— Vraiment !

— Le voulez-vous ?

— Faites attention à quoi vous vous engagez.

— Je m'engage à vous ouvrir la porte de votre voisine.

— D'une façon convenable.

— Comment donc, est-ce que j'en connais d'autres ?

— L'abbé, je vous étrangle si votre prétexte est mauvais.

— Et s'il est bon ?

— S'il est bon, l'abbé, s'il est bon, vous êtes un homme adorable.

— Vous rappelez-vous ce qu'a dit le comte de Laval, de la descente que la justice a faite dans sa maison du Val-de-Grâce et de la nécessité où il a été de renvoyer ses ouvriers et de faire enterrer sa presse?

— Parfaitement.

— Vous rappelez-vous de la délibération qui a été prise à la suite de cela ?

— Oui, que l'on se servirait d'un copiste.

— Enfin, vous rappelez-vous encore que je me suis chargé de trouver ce copiste, moi?

— Je me le rappelle.

— Eh bien! ce copiste sur lequel j'ai jeté les yeux, cet honnête homme que j'ai promis de découvrir, il est tout découvert; mon cher chevalier, c'est le tuteur de Bathilde.

— Buvat?

— Lui-même. Eh bien, je vous passe mes pleins pouvoirs; vous montez chez lui, vous lui offrez des rouleaux d'or à gagner; la porte vous est ouverte à deux battants, et vous chantez tant que vous voulez avec Bathilde.

— Ah! mon cher Brigaud, s'écria d'Harmental en sautant au cou de l'abbé, vous me sauvez la vie, parole d'honneur!

Et d'Harmental prit son chapeau et s'élança vers la porte. Maintenant qu'il avait un prétexte, il ne redoutait plus rien.

— Eh bien! eh bien! dit Brigaud, vous ne me demandez même pas où le bonhomme doit aller chercher les copies en question!

— Chez vous, pardieu!

— Non pas! non pas! jeune homme; non pas!

— Et chez qui?

— Chez le prince de Lis-thnay, rue du Bac, n° 101.

— Chez le prince de Listhnay!..: Qu'est-ce que ce prince là, l'abbé?

— Un prince de notre façon, Davranches, le valet de chambre de madame du Maine.

— Et vous croyez qu'il jouera bien son rôle?

— Pas pour vous, peut-être, qui avez l'habitude de voir de vrais princes; mais pour Buvat...

— Vous avez raison. Au revoir, l'abbé!

— Vous trouvez donc le prétexte bon?

— Excellent.

— Allez donc, en ce cas, et que Dieu vous garde!

D'Harmental descendit les marches de l'escalier quatre à quatre; puis arrivé au milieu de la rue, et voyant à sa fenêtre l'abbé Brigaud qui le regardait, il lui fit un dernier signe de la main et disparut sous la porte de l'allée qui conduisait chez Bathilde.

VII.

CONTRE-PARTIE.

De son côté, comme on le comprend bien, Bathilde n'avait pas fait un pareil effort sans que son cœur en souffrît : la pauvre enfant aimait d'Harmental de toutes les forces de son âme, comme on aime à dix-sept ans, comme on aime pour la première fois; pendant le premier mois de son absence, elle avait compté les jours; pendant la cinquième semaine, elle avait compté les heures; pendant les huit derniers jours, elle avait compté les minutes. C'était alors que l'abbé de Chaulieu était venu la chercher pour la conduire à mademoiselle Delaunay, et comme il avait eu le soin, non seulement de parler de ses talents, mais encore de dire qui elle était, Bathilde avait été reçue avec toutes les prévenances qui lui étaient dues et que la pauvre Delaunay lui rendait d'autant plus volontiers qu'on les avait longtemps oubliées à son propre égard. Au reste, ce déplacement, qui avait rendu momentanément Buvat si fier, avait été reçu par Bathilde comme une distraction qui devait lui aider à passer les derniers moments de l'attente; mais lorsqu'elle vit que mademoiselle Delaunay comptait disposer d'elle le jour même où, d'après son calcul, Raoul devait arriver, elle maudit de grand cœur l'instant où l'abbé de Chaulieu l'avait conduite à Sceaux, et elle eût certes refusé, quelles qu'eussent été ses instances, si madame du Maine n'était intervenue. Il n'y avait pas moyen de refuser à madame du Maine une chose qu'elle demandait à titre de service, elle qui, à la rigueur et avec l'idée qu'on se faisait à cette époque de la suprématie des rangs, aurait eu le droit d'ordonner. Bathilde, forcée dans ses derniers retranchements, avait donc accepté; mais comme elle se serait fait un reproche éternel si Raoul fût venu en son absence, et si en revenant il eût trouvé sa fenêtre fermée, elle avait, comme nous l'avons dit, demandé à revenir, pour étudier à son aise la cantate et pour rassurer Buvat. Pauvre Bathilde! elle avait inventé deux faux prétextes pour cacher sous un double voile le véritable motif de son retour.

On devine que si Buvat avait été fier de ce que Bathilde avait été appelée pour dessiner les costumes de la fête, ce fut bien autre chose lorsqu'il apprit qu'elle était destinée à y jouer un rôle. Buvat avait constamment rêvé pour Bathilde un retour de fortune qui lui rendrait la position sociale que la mort d'Albert et de Clarisse lui avaient fait perdre, et tout ce qui pouvait la rapprocher du monde pour lequel elle était née, lui paraissait un acheminement à cette heureuse et inévitable réhabilitation.

Cependant l'épreuve lui avait paru dure; les trois jours qu'il avait passés sans voir Bathilde lui avaient semblé trois siècles. Pendant ces trois jours le pauvre écrivain avait été comme un corps sans âme. A son bureau la chose allait encore, quoiqu'il fût visible pour tous qu'il s'était opéré quelque grand cataclysme dans la vie du bonhomme; cependant là il avait sa besogne indiquée, ses cartes à écrire, ses étiquettes à poser, le temps s'écoulait donc encore tant bien que mal. Mais c'était une fois rentré que le pauvre Buvat se trouvait tout-à-fait isolé. Aussi, le premier jour il n'avait pu manger en se trouvant seul à cette table où depuis treize ans il avait l'habitude de voir en face de lui sa petite Bathilde. Le lendemain, comme Nanette lui faisait des reproches de s'abandonner ainsi et prétendait qu'il se détériorait la santé par une diète si absolue, il fit un effort sur lui-même; mais l'honnête écrivain, qui jusqu'à ce jour ne s'était jamais même aperçu qu'il eût un estomac, eut à peine achevé son repas qu'il lui sembla avoir avalé du plomb, et qu'il lui fallut avoir recours aux digestifs les plus puissants pour précipiter vers les voies inférieures ce malencontreux dîner qui paraissait résolu à demeurer dans l'œsophage. Aussi le troisième jour Buvat ne se mit-il même pas à table, et Nanette eut-elle toutes les peines du monde à le déterminer à prendre un bouillon dans lequel elle prétendit même toujours avoir vu rouler deux grosses larmes; enfin le troisième jour au soir Bathilde était revenue et avait ramené à son pauvre tuteur son sommeil envolé et son appétit absent. Buvat, qui depuis trois nuits dormait fort mal, et qui depuis trois jours mangeait plus mal encore, dormit comme une souche et mangea comme un ogre, certain qu'il était que l'absence de son enfant chéri touchait à son terme, et que la prochaine nuit passée, il allait rentrer en possession de celle sans laquelle il venait de s'apercevoir qu'il lui serait désormais impossible de vivre.

De son côté, Bathilde était bien joyeuse : si elle comptait bien, ce devait être le dernier jour d'absence de Raoul; Raoul lui avait écrit qu'il partait pour six semaines. Elle avait compté les unes après les autres, quarante-six longues journées : les six semaines étaient donc parfaitement écoulées et Bathilde, jugeant Raoul par elle, n'admettait pas qu'il pût y avoir désormais un instant de retard. Aussi Buvat parti pour son bureau, Bathilde avait-elle ouvert sa fenêtre, et tout en étudiant sa cantate, n'avait-elle point perdu de vue un instant la fenêtre de son voisin. Les voitures étaient rares dans la rue du Temps-Perdu; cependant, par un hasard inouï, il était passé trois voitures de dix heures à quatre, et à chacune, Bathilde avait couru regarder avec un tendre encore celui qu'elle attendait déjà depuis si longtemps.

Cependant, lorsque Bathilde arriva à Sceaux, les illuminations, le bruit, la musique, et surtout la préoccupation de chanter pour la première fois devant tant et de si grand monde, éloignèrent un peu de la pensée de Bathilde le souvenir de Raoul. De temps en temps, une pensée triste lui traversait bien l'esprit et lui serrait bien le cœur lorsqu'elle songeait qu'à cette heure peut-être son beau voisin était arrivé et, en voyant sa fenêtre fermée, la croyait indifférente à son tour ; mais elle avait le lendemain devant elle ; elle avait fait promettre à mademoiselle Delaunay qu'on la reconduirait avant le jour, et avec ses premiers rayons elle serait à sa fenêtre, et la première chose que Raoul verrait en ouvrant la sienne, ce serait elle. Elle lui raconterait alors com-

tel bondissement de cœur, qu'à chaque fois
qu'elle s'était aperçue qu'elle se trompait et
que la voiture ne ramenait point encore
Raoul, elle était tombée sur une chaise, hale-
tante et prête à étouffer. Enfin quatre heures
avaient sonné : quelques minutes après Bathilde avait entendu le pas de Burat dans l'escalier. Elle avait alors fermé en soupirant sa
fenêtre, et cette fois, c'était elle qui, quelque
effort qu'elle fît pour tenir bonne compagnie
à son tuteur, n'avait pu avaler un seul mor-
ceau. L'heure de partir pour Sceaux était
arrivée, Bathilde avait été une dernière fois
soulever le rideau : tout était fermé chez Raoul.
L'idée que cette absence pouvait se prolonger
au-delà du terme fixé lui était alors venue
pour la première fois, et elle était partie le
cœur serré et maudissant plus que jamais cette
fête qui l'empêchait de passer la nuit à at-

ment elle avait été forcée de s'éloigner pour une soirée; elle lui laisserait soupçonner ce qu'elle avait souffert, et si elle en jugeait par elle-même, Raoul serait si heureux qu'il lui pardonnerait.

Bathilde se berçait de toutes ces pensées en attendant madame du Maine au bord du lac, et ce fut au milieu du discours qu'elle préparait pour Raoul, que l'approche de la petite galère la surprit. Au premier moment, Bathilde, tout à son émotion de chanter ainsi en si grande et si haute comgagnie, crut que la voix allait lui manquer; mais elle était trop artiste pour ne pas être encouragée par l'admirable instrumentation qui la soutenait et qui se composait des meilleurs musiciens de l'Opéra. Elle résolut donc de ne regarder personne pour ne point se laisser intimider, et, s'abandonnant à toute la puissance de l'inspiration, elle avait chanté avec une perfection qui avait fait qu'on avait parfaitement pu la prendre, grâce à son voile, pour la personne même qu'elle remplaçait, quoique cette personne fût le premier sujet de l'Opéra et passât pour n'avoir pas de rivale, comme étendue de voix et sûreté de méthode.

Mais l'étonnement de Bathilde fut grand lorsque, le solo fini, et soulagée par la reprise du chœur, elle baissa les yeux, et qu'en baissant les yeux elle aperçut au milieu du groupe qui s'avançait vers elle, assis sur le même banc que madame la duchesse du Maine, un jeune seigneur qui ressemblait si fort à Raoul que, si cette apparition se fut présentée à elle au milieu de sa cantate, la voix lui en eût certes manqué tout-à-coup. Un instant elle douta encore, mais plus la galère gagnait le rivage, moins il était permis à la pauvre Bathilde de

caprice avait été jusqu'à passer une semaine ou deux dans une mansarde; mais Raoul s'était lassé bien vite de cette vie qui n'était pas la sienne. Pour ne pas trop humilier Bathilde il avait prétexté un voyage, pour ne pas trop la désoler il avait feint que ce voyage était pour lui un malheur; mais rien de tout cela n'était vrai. Raoul n'avait point quitté Paris sans doute, ou, s'il l'avait quitté, sa première visite à son retour avait été pour d'autres lieux que pour ceux qui devaient lui être si chers! Il y avait dans cette accumulation de griefs de quoi blesser un amour moins susceptible que ne l'était celui de Bathilde. Aussi, lorsqu'au moment où Raoul descendit sur le rivage, la pauvre enfant se trouva à quatre pas de lui, lorsqu'il lui fut impossible de douter davantage que le jeune étudiant et le beau seigneur fussent le même homme, lorsqu'elle vit celui conserver ses doutes : deux ressemblances pareilles ne pouvaient se rencontrer, même chez deux frères, et il était trop visible que le beau seigneur de Sceaux et le jeune étudiant de la mansarde étaient un seul et même individu. Mais ce n'était point encore cela qui blessait Bathilde. Le degré auquel montait tout-à-coup Raoul, au lieu de l'éloigner de la fille d'Albert du Rocher, le rapprochait d'elle, et à la première vue elle avait reconnu Raoul pour être de la noblesse, comme il l'avait devinée lui-même pour être de race. Ce qui la blessait profondément, ce qui était une insulte à sa bonne foi, une trahison à son amour, c'était cette prétendue absence pendant laquelle Raoul, oubliant la rue du Temps-Perdu, laissait solitaire sa petite chambre pour venir se mêler aux fêtes de Sceaux. Ainsi Raoul avait eu un caprice d'un instant pour Bathilde, ce

qu'elle avait pris jusque-là pour un jeune et naif provincial offrir d'un air élégant et dégagé son bras à la fière madame du Maine, toute force l'abandonna, et sentant ses genoux fléchir sous elle, elle poussa ce cri douloureux qui avait répondu jusqu'au fond du cœur de d'Harmental et elle s'évanouit.

En rouvrant les yeux, elle trouva près d'elle mademoiselle Delaunay, qui lui prodiguait avec inquiétude les soins les plus empressés ; mais, comme il était impossible de se douter de la véritable cause de l'évanouissement de Bathilde et que d'ailleurs cet évanouissement n'avait duré qu'un instant, la jeune fille en prétextant l'émotion qu'elle avait éprouvée, n'eut point de peine à faire prendre le change aux personnes qui l'entouraient. Mademoiselle Delaunay seulement insista un instant pour qu'au lieu de retourner à Paris elle demeurât à Sceaux;

mais Bathilde avait hâte de quitter ce palais où elle venait de tant souffrir et où elle avait vu Raoul sans que Raoul la vît. Elle pria donc, avec cet accent qui ne permet pas de refuser, que toutes choses demeurassent dans le même état, et, comme la voiture qui devait la ramener à Paris aussitôt qu'elle aurait chanté était prête, elle monta dedans et partit.

En arrivant, comme Nanette était prévenue de son retour, elle trouva Nanette qui l'attendait. Buvat aussi avait bien voulu veiller pour embrasser Bathilde à son retour et avoir des nouvelles de la grande fête. Mais Buvat était, comme on le sait, un homme de mœurs réglées : minuit était sa plus longue veille, et jamais il n'avait dépassé cette heure ; de sorte que lorsque minuit arriva, il eut beau se pincer les mollets, se frotter le nez avec la barbe d'une plume et chanter sa chanson favorite, le som-

pouvait manquer d'obtenir, dans l'état où elle était; aussi hasarda-t-elle les questions les plus pressantes; mais, à toutes ces questions, Bathilde se contenta de répondre en secouant la tête, que ce n'était rien, absolument rien. Nanette vt bien que le mieux était de ne pas insister dans un moment où sa jeune maîtresse paraisssait si bien décidée à se taire, et elle se retira dans sa chambre, qui, comme nous l'avons dit, était contiguëe à celle de Bathilde.

Mais là, la pauvre Nanette ne put résister à cette curiosité du cœur qui la poussait à voir ce qu'allait devenir sa maîtresse ; et, regardant par le tou de la serrure, elle la vit d'abord s'agenouiller en sanglotant devant le crucifix où elle l'avait trouvée si souvent en prières, puis se lever et, comme cédant à une impulsion plus forte qu'elle, aller ouvrir sa fenêtre et

meil l'emporta sur tous ces réactifs, et force lui avait été d'aller se coucher, ce qu'il avait fait en recommandant à Nanette de le prévenir le lendemain aussitôt que Bathilde serait visible.

Comme on le pense bien, Bathilde fut fort aise de trouver Nanette seule : la présence de Buvat, dans la situation d'esprit où était la jeune fille, l'eût gênée au plus haut degré : il y a dans le cœur des femme, à quelque âge que cœur soit arrivé, une sympathie pour les chagrins amoureux qu'on ne trouve jamais dans le cœur d'un homme. Si bon et si consolant que soit ce cœur, devant Buvat, Bathilde n'eût point osé pleurer ; devant Nanette, Bathilde fondit en larmes.

Nanette fut bien désolée de voir sa jeune maîtresse, qu'elle s'attendait à retrouver toute fière et toute joyeuse du triomphe qu'elle ne

regarder la fenêtre en face d'elle. Dès lors il n'y eut plus de doute pour Nanette. Le chagrin de Bathilde était un chagrin d'amour, et ce chagrin lui venait de la part du beau jeune homme qui habitait de l'autre côté de la rue.

Dès lors, Nanette fut un peu tranquillisée ; les femmes plaignent les chagrins d'amour au-dessus de tous les autres chagrins, mais aussi elles savent par expérience qu'ils peuvent tourner à bonne fin ; de sorte que tout chagrin de ce genre se compose de moitié douleur et de moitié espérance. Nanette se coucha donc plus tranquille qu'elle ne l'eût été si elle n'eût point pénétré la cause des larmes de Bathilde.

Bathilde dormit peu et dormit mal ; les premières douleurs et les premières joies de l'amours ont le même résultat. Elle se réveilla donc les yeux battus et toute brisée. Elle eût bien voulu se dispenser de voir Buvat, sous un prétexte quelconque ; mais déjà Buvat, inquiet, avait fait demander deux fois à Nanette si Bathilde était visible. Bathilde rappela donc tout son courage et alla en souriant présenter son front à baiser à son bon tuteur.

Mais Buvat avait trop l'instinct du cœur pour se laisser prendre à un sourire ; il vit ses yeux battus, il vit ce teint pâle, et le chagrin de Bathilde lui fut révélé. Comme on le comprend bien, Bathilde nia qu'elle ne fût point dans son état naturel ; Buvat fit semblant de la croire, car il vit qu'en ayant l'air de douter il la contrariait, mais il ne s'en alla pas moins à son bureau, tout préoccupé de savoir ce qui avait ainsi attristé sa pauvre Bathilde.

Lorsqu'il fut parti, Nanette s'approcha de

Bathilde, qui, une fois seule, s'était laissée tomber dans un fauteuil, la tête appuyée sur une main et l'autre bras pendant, tandis que Mirza, couchée à ses pieds et ne comprenant rien à cet abattement, gémissait tout doucement. La bonne femme resta un instant debout devant la jeune fille à la contempler avec un amour presque maternel, puis au bout d'un instant, voyant que Bathilde restait muette, elle rompit le silence.

— Mademoiselle souffre toujours, dit-elle.

— Oui, ma bonne Nanette, toujours.

— Si Mademoiselle voulait ouvrir la fenêtre, cela lui ferait peut-être du bien.

— Oh non, non, Nanette, merci ; cette fenêtre doit rester fermée.

— C'est que Mademoiselle ignore peut-être...

— Non, Nanette ; je le sais.

— Que le beau jeune homme d'en face est revenu depuis ce matin.

— Eh bien, Nanette, dit Bathilde en relevant la tête et en regardant la bonne femme avec une légère nuance de sévérité, qu'a affaire ce beau jeune homme avec moi?

— Pardon, Mademoiselle, dit Nanette; mais je croyais... je pensais...

— Que pensiez-vous?... que croyiez-vous?....

— Que vous regrettiez son absence et que vous seriez heureuse de son retour.

— Vous aviez tort.

— Pardon, Mademoiselle; mais c'est qu'il parait si distingué.

— Trop, Nanette; beaucoup trop pour la pauvre Bathilde.

— Trop, Mademoiselle, trop distingué pour vous, s'écria Nanette. Ah bien! par exemple est-ce que vous ne valez pas tous les beaux seigneurs du monde? D'ailleurs, tiens, vous êtes noble.

— Je suis ce que je parais être, Nanette, c'est-à-dire une pauvre fille, de la tranquillité, de l'amour et de l'honneur de laquelle tout grand seigneur croirait pouvoir impunément se jouer. Tu vois bien, Nanette, qu'il faut que cette fenêtre reste fermée et que je ne revoie pas ce jeune homme.

— Jour de Dieu ! mademoiselle Bathilde, mais vous voulez donc le faire mourir de chagrin, le pauvre garçon. Depuis ce matin il ne bouge pas de sa fenêtre, et avec un air triste, si triste, que c'est vraiment à fendre le cœur.

— Eh bien! que m'importe son air triste à moi; que me fait ce jeune homme, je ne le connais pas, je ne sais pas même son nom;

C'est un étranger, qui est venu demeurer là quelques jours seulement, qui demain s'en ira peut-être, comme il s'en est allé déjà. Si j'y avais fait attention, j'aurais eu tort, Nanette, et au lieu de m'encourager dans un amour qui serait de la folie, tu devrais, au contraire, en supposant que cet amour existât, m'en faire comprendre tout le ridicule et surtout tout le danger.

— Mon Dieu! Mademoiselle, pourquoi donc cela; il faudra toujours bien que vous aimiez un jour ou l'autre, les pauvres femmes sont condamnées à passer par là. Eh bien! puisqu'il faut absolument aimer, au bout du compte, autant aimer un beau jeune homme qui a l'air noble comme le roi, et qui doit être riche puisqu'il ne fait rien.

— Eh bien, Nanette, qu'est-ce que tu dirais, si ce jeune homme qui te paraît si simple si loyal et si bon, n'était rien autre chose qu'un méchant, qu'un traître, qu'un menteur.

— Ah! bon Dieu, Mademoiselle, je dirais que c'est impossible.

— Si je te disais que ce jeune homme qui habite une mansarde, qui se montre à la fenêtre, couvert d'habits si simples, était hier à Sceaux, et donnait le bras à madame du Maine en habit de colonel.

— Ce que je dirais, Mademoiselle? Je dirais qu'enfin le bon Dieu est juste en vous envoyant quelqu'un digne de vous. Sainte Vierge! un colonel, un ami de la duchesse du Maine! Oh! mademoiselle Bathilde, vous serez comtesse, c'est moi qui vous le dis, et ce n'est pas trop pour vous, et c'est bien juste encore ce que vous méritez; et si la providence donnait à chacun son lot, ce n'est pas comtesse que vous seriez, c'est duchesse, c'est princesse, c'est reine; oui, reine de France. Tiens ! madame de Maintenon l'a bien été.

— Je ne voudrais pas l'être comme elle, ma bonne Nanette.

— Comme elle, je ne dis pas. D'ailleurs, ce n'est pas le roi que vous aimez, n'est-ce pas, notre demoiselle?

— Je n'aime personne, Nanette.

— Je suis trop honnête pour vous démentir, Mademoiselle. Mais n'importe, voyez-vous, vous avez l'air malade, et le premier remède pour une jeunesse qui souffre, c'est l'air, c'est le soleil. Voyez les pauvres fleurs quand on les enferme, elles font comme vous, elles pâlissent. Laissez-moi ouvrir la fenêtre, Mademoiselle.

— Nanette, je vous le défends. Allez à vos affaires et laissez-moi.

—Je m'en vais, Mademoiselle, je m'en vais, puisque vous me chassez, dit Nanette en portant le coin de son tablier au coin de son œil. Mais à la place de ce jeune homme, je sais bien ce que je ferais.

— Et que feriez-vous?

—Je viendrais m'expliquer moi-même, et je suis bien sûre que quand même il aurait un tort, vous l'excuseriez.

— Nanette, dit Bathilde en tressaillant, s'il vient, je vous défends de le recevoir, entendez-vous?

— C'est bien, Mademoiselle, on ne le recevra point, quoique ce ne soit pas poli de mettre les gens à la porte.

— Poli ou non, vous ferez ce que j'ai ordonné, dit Bathilde, à qui la contradiction donnait les forces qui lui eussent manqué si l'on eût abondé dans son sens, et maintenant je veux rester seule, allez.

Nanette sortit.

Restée seule, Bathilde fondit en larmes, sa force n'était que de l'orgueil, mais elle était blessée au cœur, et la fenêtre resta fermée.

Nous ne suivrons pas ce pauvre cœur dans tous ses tressaillements, dans toutes ses angoisses, dans toutes ses souffrances. Bathilde se croyait la femme la plus malheureuse de la terre, comme d'Harmental se trouvait l'homme le plus infortuné du monde.

A quatre heures et quelques minutes, Buvat rentra comme nous l'avons dit : Bathilde reconnut les traces que l'inquiétude avait laissées sur sa bonne grosse figure, et fit tout ce qu'elle put pour le tranquilliser. Elle sourit, elle plaisanta, elle lui tint compagnie à table, mais tout cela ne tranquillisa point Buvat; aussi après dîner proposa-t-il à sa pupille, comme une distraction à laquelle rien ne devait résister, une promenade sur sa terrasse. Bathilde pensant que si elle refusait Buvat resterait près d'elle, fit semblant d'accepter, et monta avec Buvat dans sa chambre, mais là elle prétexta une lettre de remerciement à écrire à M. de Chaulieu, pour l'obligeance qu'il avait mise à la présenter à madame du Maine, et laissant son tuteur aux prises avec Mirza, elle redescendit.

Dix minutes après elle entendit Mirza qui grattait à la porte, et elle alla ouvrir.

Mirza entra en bondissant, avec des démonstrations de si folle joie que Bathilde comprit qu'il venait de lui arriver quelque chose d'extraordinaire ; elle regarda alors avec plus d'attention, et elle vit la lettre attachée à son collier. Comme c'était la seconde qu'elle apportait, Bathilde n'eut point besoin de chercher d'où elle venait et de qui était la lettre.

La tentation était trop forte pour que Bathilde essayât même d'y résister. A la vue de ce papier, qui lui semblait renfermer le destin de sa vie, la jeune fille crut qu'elle allait se trouver mal. Elle le détacha en tremblant, le froissant d'une main tandis que de l'autre elle caressait Mirza, qui, debout sur ses pattes de derrière, dansait toute joyeuse d'être devenue un personnage si important.

Bathilde ouvrit la lettre et la regarda deux fois, sans pouvoir en déchiffrer une seule ligne; elle avait comme un nuage sur les yeux.

La lettre, tout en disant beaucoup, ne disait point assez encore. La lettre protestait de l'innocence et demandait pardon. La lettre parlait de circonstances étranges qui demandaient le secret. Mais la lettre sur toute chose disait que celui qui l'avait écrite était amoureux fou. Il en résulta que, sans rassurer complétement Bathilde, la lettre lui fit un grand bien.

Bathilde cependant, par un reste de fierté toute féminine, n'en résolut pas moins de tenir rigueur jusqu'au lendemain. Puisque Raoul s'avouait coupable, il fallait bien qu'il fût puni. La pauvre Bathilde ne songeait pas que la moitié de la punition qu'elle infligeait à son voisin retombait sur elle-même.

Néanmoins l'effet de la lettre, tout incomplet qu'il était encore, avait déjà une telle efficacité que lorsque Buvat descendit de la terrasse, il trouva Bathilde infiniment mieux que lorsqu'il l'avait quittée une heure auparavant : ses couleurs étaient revenues, sa gaîté était plus franche, et ses paroles avaient cessé d'être saccadées et fiévreuses comme elles l'étaient depuis la veille. Buvat alors commença à croire ce que lui avait assuré sa pupille le matin même, c'est-à-dire que l'état d'agitation où elle se trouvait venait de l'émotion de la veille. En conséquence, le soir, comme il avait à travailler, il remonta chez lui à huit heures, et laissa Bathilde, qui se plaignait de s'être couchée la veille à trois heures du matin, libre de se coucher ce soir-là à l'heure qu'il lui conviendrait.

Bathilde veilla; car malgré son insomnie de la veille, elle n'avait point la moindre envie de dormir. Bathilde veilla, tranquille, contente et heureuse, car elle savait que la fenêtre de son voisin était ouverte, et à sa persistance elle devinait son anxiété. Deux ou trois fois elle eut bien envie de la faire cesser, en allant annoncer au coupable que, moyennant une explication quelconque, son pardon lui serait accordé; mais il lui sembla, qu'aller ainsi d'elle-même en quelque sorte au-devant de Raoul, c'était plus que ne devait faire une jeune fille de son âge et dans sa position ; elle remit donc la chose au lendemain.

Le soir, Bathilde fit sa prière comme d'habitude, et comme d'habitude Raoul se retrouva de moitié dans sa prière.

La nuit, Bathilde rêva que Raoul était à ses genoux, et qu'il lui donnait de si bonnes raisons, que c'était elle qui lui avouait qu'elle était coupable, et qui lui demandait pardon.

Aussi le matin, se réveilla-t-elle bien convaincue qu'elle avait été d'une sévérité affreuse, et ne comprenant pas comment elle avait eu le courage de faire souffrir ainsi le pauvre Raoul.

Il en résulta que son premier mouvement fut d'aller à la fenêtre et de l'ouvrir ; mais en y allant, elle aperçut à travers une imperceptible trouée, le beau jeune homme à la sienne. Cette vue l'arrêta tout court. Ne serait-ce pas un aveu bien complet que cette fenêtre ouverte par elle-même : Mieux valait attendre l'arrivée de Nanette. Nanette ouvrirait la fenêtre tout naturellement, et de cette façon le voisin n'aurait pas trop à se prévaloir de son influence.

Nanette arriva ; mais Nanette avait été trop vivement grondée la veille à l'endroit de la malheureuse fenêtre pour qu'elle risquât une seconde représentation de la même scène. Il en résulta qu'elle n'eut garde d'en approcher et qu'elle tourna et vira dans la chambre sans parler le moins du monde de lui donner de l'air. Au bout d'une heure à peu près employée à faire le petit ménage, Nanette sortit sans avoir touché même les rideaux, — Bathilde était prête à pleurer.

Buvat descendit prendre son café avec Bathilde, ainsi que c'était son habitude. Bathilde espérait qu'en entrant Buvat lui demanderait pourquoi elle se tenait ainsi enfermée chez elle, et que ce serait pour elle une occasion de lui dire d'ouvrir la fenêtre ; mais Buvat avait reçu la veille du conservateur de la Bibliothèque un nouvel ordre de classement pour les manuscrits, et Buvat était si préoccupé de ses étiquettes qu'il ne fit attention à rien qu'à la bonne mine de Bathilde, mangea son café tout en chantonnant sa petite chanson, et sortit sans faire la plus petite remarque sur ces rideaux si tristement fermés. Pour la première fois, Bathilde eut contre Buvat un mouvement d'impatience qui ressemblait presque à de la colère, et il lui sembla que son tuteur avait bien peu d'attention pour elle, de ne pas s'apercevoir qu'elle devait étouffer dans une chambre ainsi calfeutrée.

Restée seule, Bathilde tomba sur une chaise; elle s'était mise elle-même dans une impasse dont il lui devenait impossible de sortir. Il lui fallait ordonner à Nanette d'ouvrir la fenêtre; elle ne le voulait pas; — il lui fallait ouvrir la fenêtre elle-même; elle ne le pouvait pas.

Il lui fallait donc attendre; mais jusqu'à quand? Attendre jusqu'au lendemain, jusqu'au surlendemain peut-être. Et jusque-là qu'allait penser Raoul? Raoul ne s'impatienterait-il pas de cette sévérité exagérée? Si Raoul allait quitter cette chambre de nouveau pour quinze jours, pour un mois, pour six semaines... pour toujours... peut-être... Bathilde mourrait. Bathilde ne pouvait plus se passer de Raoul.

Deux heures s'écoulèrent ainsi, — deux siècles ! Bathilde essaya de tout : elle se mit à sa broderie, à son clavecin, à ses pastels; elle ne put rien faire. Nanette entra alors, et un peu d'espoir lui revint. Mais Nanette ne fit qu'entr'ouvrir la porte; elle venait demander la permission de faire une course indispensable. Bathilde lui fit signe de la main qu'elle pouvait s'en aller.

Nanette allait dans le faubourg Saint-Antoine : son absence devait donc durer deux heures au moins. Que faire pendant ces deux heures? Il eût été si doux de les passer à la fenêtre; il faisait un si beau soleil, à en juger du moins par les rayons qui pénétraient à travers les rideaux. Bathilde s'assit, tira sa lettre de son corset; elle la savait par cœur, mais n'importe, elle la relut. Comment, en recevant une pareille lettre, ne s'était-elle pas rendue à l'instant même. Elle était si tendre, si passionnée; on sentait si bien que celui qui l'avait écrite, l'avait écrite avec les paroles de son cœur. Oh! si elle pouvait seulement recevoir une seconde lettre.

C'était une idée. Bathilde jeta les yeux sur Mirza, Mirza la gentille messagère! Elle la prit dans ses bras, baisa tendrement sa petite tête fine et spirituelle; puis, toute tremblante, la pauvre enfant, comme si elle commettait un crime, elle alla ouvrir la porte du carré.

Un jeune homme était debout devant cette porte, allongeant la main vers la sonnette.

Bathilde jeta un cri de joie, et le jeune homme un cri d'amour.

Ce jeune homme c'était Raoul

VIII.

LE TROISIÈME CIEL.

Bathilde fit quelques pas en arrière, car elle sentit qu'elle allait tomber dans les bras de Raoul.

Raoul, après avoir fermé vivement la porte, fit quelques pas en avant et vint tomber aux pieds de Bathilde.

Les deux jeunes gens se regardèrent avec un indicible regard d'amour, puis leurs deux noms échangés dans un double cri, s'échappèrent de leurs bouches; leurs mains se réunirent dans un serment électrique, et tout fut oublié.

Ces deux pauvres cœurs, à qui il semblait qu'ils avaient tant de choses à se dire, battaient presque l'un contre l'autre et restaient muets : toute leur âme était passée dans leurs yeux, et ils se parlaient avec cette grande voix du silence qui, en amour, dit tant de choses et qui a sur l'autre l'avantage de ne mentir jamais.

Ils demeurèrent ainsi quelques minutes. Enfin Bathilde sentit les larmes qui lui venaient aux yeux ; puis avec un soupir, et se renversant en arrière comme pour retrouver la respiration dans sa poitrine oppressée

— Oh! mon Dieu! mon Dieu! que j'ai souffert! dit-elle.

— Et moi donc, dit d'Harmental, moi qui ai envers vous l'apparence de tous les torts et qui cependant suis innocent.

— Innocent, dit Bathilde à qui, par une réaction toute naturelle, ses premiers doutes revenaient.

— Oui, innocent, reprit le chevalier.

Et alors il raconta à Bathilde tout ce que de sa vie il avait le droit de lui raconter, c'est-à-dire son duel avec La Fare ; comment, à la suite de ce duel, il était venu se cacher dans la rue du Temps-Perdu ; comment il avait vu Bathilde, comment il l'avait aimée; son étonnement en découvrant successivement en elle la femme distinguée, le peintre habile, la musicienne de premier ordre ; sa joie lorsqu'il crut voir qu'il ne lui était pas tout-à-fait indifférent; son bonheur lorsqu'il commença à croire qu'il était aimé; enfin il lui dit combien il était heureux lorsqu'il avait reçu, comme colonel des carabiniers, l'ordre de se rendre en Bretagne, et comment cet ordre portait qu'à son retour il eût à venir rendre compte de sa mission à S. A. S. madame la duchesse du Maine avant de se rendre à Paris. Il était donc arrivé directement à Sceaux, ignorant ce qui s'y passait et croyant n'avoir que des dépêches à y déposer en passant, lorsqu'il était au contraire tombé au milieu d'une fête à laquelle il avait été, bien malgré lui, mais à cause de la position qu'il occupait près de M. le duc du Maine, forcé de prendre part. Ce récit fut terminé par des expressions de regret, par des paroles d'amour et par des protestations de fidélité telles que Bathilde ne fit presque plus attention aux parties premières du discours pour ne s'occuper et ne se souvenir que de la fin.

C'était le tour de Bathilde. Bathilde aussi avait une longue histoire à raconter à d'Harmental; mais dans cette histoire il n'y avait ni réticences ni obscurité. Ce n'était pas l'histoire d'une époque de sa vie, mais de toute sa vie. Bathilde, avec une certaine fierté d'apprendre à son amant qu'elle était digne de lui, se prit donc tout enfant entre les caresses d'un père et d'une mère; puis elle se montra orpheline, puis abandonnée. C'est alors qu'apparut Buvat, cet homme au visage vulgaire et au cœur sublime, et elle dit toutes ses attentions, toutes ses bontés, tout son amour pour sa pauvre pupille. Elle passa en revue sa jeunesse insoucieuse et son adolescence pensive. Enfin elle arriva au moment où pour la première fois elle avait vu d'Harmental. Et arrivée là elle sourit en rougissant, car elle sentait bien qu'elle n'avait plus rien à lui apprendre.

Mais il n'en était pas ainsi. C'était surtout ce que Bathilde croyait n'avoir pas besoin d'apprendre au chevalier que le chevalier voulait absolument savoir de sa bouche; aussi ne lui fit-il grâce d'aucun détail. La pauvre enfant eut beau s'arrêter, rougir, baisser les yeux, il lui fallut ouvrir son pauvre cœur virginal, tandis que d'Harmental, à genoux devant elle, recueillait jusqu'à ses moindres paroles; puis, quand elle eût fini, recommencer encore, car d'Harmental ne pouvait se lasser de l'entendre, tant il était heureux de se sentir aimé par Bathilde; tant il était fier de pouvoir l'aimer!

Deux heures s'étaient écoulées comme deux secondes, et les jeunes gens étaient encore là, d'Harmental aux genoux de Bathilde, Bathilde inclinée sur lui, leurs mains dans leurs mains, leurs yeux sur leurs yeux, lorsqu'on sonna tout-à-coup à la porte. Bathilde jeta les yeux sur une petite pendule accrochée dans un coin de la chambre. Il était quatre heures six minutes : il n'y avait pas à s'y tromper, c'était Buvat qui rentrait.

Le premier mouvement de Bathilde fut tout à la crainte ; mais aussitôt Raoul la rassura en souriant : il avait le prétexte que lui avait fourni l'abbé Brigaud. Les deux amants échangèrent donc encore un dernier serrement de mains et un dernier coup-d'œil, puis Bathilde alla ouvrir la porte à son tuteur, qui commença, comme d'habitude, par l'embrasser au front, et qui, après l'avoir embrassée, aperçut seulement d'Harmental

La stupéfaction de Buvat fut grande : c'était la première fois qu'un autre homme que lui entrait chez sa pupille. Il fixa sur d'Harmental deux gros yeux étonnés et attendit, levant et baissant sa canne en mesure, mais sans en toucher la terre. Il lui semblait vaguement connaître ce jeune homme.

D'Harmental s'avança vers lui avec cette aisance dont les gens d'une certaine classe n'ont pas même l'idée.

— C'est à M. Buvat, lui dit-il, que j'ai l'honneur de parler.

— A moi-même, Monsieur, répondit Buvat en s'inclinant et en tressaillant au son de cette voix qu'il croyait reconnaître, comme il avait cru reconnaître aussi ce visage, —Et tout l'honneur est de mon côté, je vous prie de croire.

— Vous connaissez l'abbé Brigaud? continua d'Harmental.

— Oui, Monsieur, parfaitement, le... l'a... le..., de madame Denis, n'est-ce pas?

— Oui, reprit en soupirant d'Harmental, le directeur de madame Denis.

— Je le connais, un homme de beaucoup d'esprit, Monsieur, de beaucoup d'esprit.

— C'est cela même. Ne vous étiez-vous pas adressée à lui dans le temps, monsieur Buvat, pour avoir des copies à faire.

— Oui, Monsieur, car je suis copiste, pour vous servir. Buvat s'inclina.

— Eh bien! dit d'Harmental en lui rendant son salut, ce cher abbé Brigaud, qui est mon tuteur, afin que vous sachiez, Monsieur, à qui vous parlez, vous a découvert une excellente pratique.

—Ah! vraiment! Asseyez-vous donc, Monsieur.

— Merci, je vous rends grâces.

— Et quelle est cette pratique, s'il vous plaît?

— Le prince de Listhnay, rue du Bac, n° 110.

— Un prince, Monsieur! un prince!

— Oui, un Espagnol, je crois, qui est en correspondance avec le *Mercure de Madrid*, et qui lui envoie toutes les nouvelles de Paris.

— Mais c'est une trouvaille, cela, Monsieur!

— Une véritable trouvaille, vous l'avez dit, qui vous donnera un peu de mal, c'est vrai, car toutes ses dépêches sont en espagnol.

— Diable! diable! fit Buvat

— Savez-vous l'espagnol ? demanda d'Harmental.

— Non, Monsieur, je ne le crois pas, du moins.

— N'importe, continua le chevalier, souriant du doute de Buvat ; vous n'avez pas besoin de savoir une langue pour faire des copies dans cette langue.

— Moi, Monsieur, je copierais du chinois, pourvu que les pleins et les déliés fussent assez convenablement tracés pour former des lettres. Poussée à un certain point, Monsieur, la calligraphie est un art d'imitation comme le dessin.

— Et je sais que sous ce rapport, monsieur Buvat, reprit d'Harmental, vous êtes un grand artiste.

— Monsieur, dit Buvat, vous me confusionnez. Maintenant, sans indiscrétion, puis-

vous demander à quelle heure je trouverai Son Altesse !

— Quelle Altesse ?

— Son Altesse le prince de... je ne me rappelle plus le nom... que vous avez dit, Monsieur, que vous m'avez fait l'honneur de me dire, ajouta Buvat en se reprenant.

— Ah ! le prince de Listhnay !

— Lui-même.

— Il n'est pas Altesse, mon cher monsieur Buvat.

— Pardon, c'est qu'il me semblait que tous les princes...

— Oh ! il y a prince et prince... Celui-ci est un prince de troisième ordre, et pourvu que vous l'appelliez monseigneur, il sera fort satisfait.

— Vous croyez ?

— J'en suis sûr.

— Et je le trouverai, s'il vous plaît?

— Mais dans une heure si vous voulez : après votre dîner, par exemple, de cinq heures à cinq heures et demie. Vous vous rappelez l'adresse?

—Oui, rue du Bac, n° 110. Très bien! Monsieur. Très bien! j'y serai.

— Ainsi donc, dit d'Harmental, à l'honneur de vous revoir. Et vous, Mademoiselle, ajouta-t-il en se retournant vers Bathilde, recevez tous mes remerciments, pour la bonté que vous avez eue de me tenir compagnie en attendant M. Buvat, bonté de laquelle je vous garderai, je vous le jure, une reconnaissance éternelle.

Et à ces mots, laissant Bathilde interdite de cette puissance que lui avait donnée sur lui-même l'habitude de situations pareilles, d'Harmental, par un dernier salut, prit congé de Buvat et de sa pupille.

— Ce jeune homme est vraiment fort aimable, dit Buvat.

— Oui, fort aimable, répondit machinalement Bathilde.

— Seulement, c'est une chose extraordinaire; il me semble que je l'ai déjà vu.

— C'est possible, dit Bathilde.

— C'est comme sa voix, continua Buvat; je suis convaincu que sa voix ne m'est point étrangère.

Bathilde tressaillit; car elle se rappela le soir où Buvat était rentré tout effaré, après son aventure de la rue des Bons-Enfants, et d'Harmental ne lui avait rien dit qui eût rapport à cette aventure.

En ce moment Nanette entra annonçant que le dîner était servi. Buvat, qui était pressé de se rendre chez le prince de Listhnay, passa le premier dans la petite salle à manger.

— Eh bien, Mademoiselle, dit tout bas Nanette, il est donc revenu le beau jeune homme?

— Oui, Nanette, oui; répondit Bathilde en levant les yeux au ciel avec une expression de gratitude infinie; oui, et je suis bien heureuse.

Elle passa dans la salle à manger, où, après avoir posé son chapeau sur sa canne et sa canne dans un coin, Buvat l'attendait, en frappant, comme c'était son habitude dans ses moments de satisfaction, ses mains sur ses cuisses.

Quant à d'Harmental, il ne se trouvait pas moins heureux que Bathilde; il était aimé, il en était sûr, Bathilde le lui avait dit avec le même plaisir qu'elle avait eu à entendre dire elle-même à d'Harmental qu'il l'aimait. Il était aimé, non plus d'une pauvre orpheline, d'une petite grisette, mais par une jeune fille de noblesse, dont le père et la mère avaient occupé, à la cour de Monsieur et de son fils, de ces charges qui, à cette époque, étaient d'autant plus honorables qu'elles rapprochaient davantage des princes. Rien n'empêchait donc Bathilde et d'Harmental d'être l'un à l'autre ; s'il restait un intervalle social entre eux, c'était si peu de chose que Bathilde n'avait qu'un pas à faire pour monter, et d'Harmental qu'un pas à faire pour descendre et que tous deux se rencontraient à moitié chemin. Il est vrai que d'Harmental oubliait une chose, une seule chose : c'était ce secret qu'il s'était cru obligé de taire à Bathilde comme n'étant pas le sien, c'était cette conspiration qui creusait sous ses pieds un abîme qui d'un moment à l'autre pouvait l'engloutir. Mais d'Harmental était loin de voir les choses ainsi ; d'Harmental était sûr d'être aimé, et le soleil de l'amour fait à la vie la plus triste et la plus abandonnée un horizon couleur de rose.

De son côté, Bathilde n'avait aucun doute fâcheux sur l'avenir ; le mot de mariage n'avait point été prononcé entre elle et d'Harmental, c'est vrai, mais leurs deux cœurs s'étaient montrés l'un à l'autre dans toute leur pureté, et il n'y avait point de contrat écrit qui valût un regard des yeux, qui égalât un serrement de mains de Raoul. Aussi, lorsqu'après le dîner, Buvat se félicitant de la bonne aubaine qui venait de lui arriver, prit sa canne et son chapeau pour se rendre chez le prince de Listhnay, à peine Bathilde fût-elle seule dans sa chambre, qu'elle tomba à genoux pour remercier Dieu, et que sa prière finie, elle s'en alla, joyeuse et confiante, ouvrir elle-même, sans hésitation comme sans honte, cette malheureuse fenêtre si longtemps fermée. Quant à d'Harmental, depuis qu'il était rentré, il n'avait pas quitté la sienne.

Au bout d'un instant les amants furent convenus de tous leurs faits : la bonne Nanette serait mise entièrement dans la confidence. Tous les jours, quand Buvat serait parti, d'Harmental monterait, demeurerait deux heures près de Bathilde : le reste du temps, on se parlerait par la fenêtre, et quand par hasard on serait obligé de tenir les fenêtres fermées, on s'écrierait.

Vers les sept heures du soir on vit poindre Buvat au coin de la rue Montmartre; il marchait de son pas le plus grave et le plus majestueux, tenant un rouleau de papier d'une main et sa canne de l'autre; on voyait à son œil qu'il s'était passé quelque chose de grand dans sa vie, Buvat avait été introduit près du prince, et avait parlé à monseigneur en personne.

Les deux jeunes gens n'aperçurent Buvat que lorsqu'il fut au-dessous d'eux : d'Harmental ferma aussitôt sa fenêtre.

Bathilde avait eu un instant d'inquiétude. Lorsque d'Harmental avait parlé à Buvat du prince de Listhnay, elle avait pensé que Raoul, surpris chez elle, inventait une seconde histoire pour y expliquer sa présence. N'ayant point eu le temps de lui demander une explication, et n'osant dissuader Buvat d'aller rue du Bac, elle avait vu partir ce dernier avec un certain remords. Bathilde aimait Buvat avec toute la reconnaissance du cœur. Buvat était pour Bathilde quelque chose de sacré, que son respect devait éternellement garantir du ridicule; elle attendit donc avec anxiété son apparition pour juger d'après son visage de ce qui s'était passé : le visage de Buvat était resplendissant.

— Eh bien ! petit père, dit Bathilde avec un reste de crainte.

— Eh bien, dit Buvat, j'ai vu Son Altesse.

Bathilde respira.

— Mais pardon, petit père, dit-elle en souriant, vous savez bien que M. Raoul vous a dit que le prince de Listhnay n'avait pas droit à ce titre, n'étant prince que de troisième ordre.

— Je le garantis du premier, et je maintiens l'altesse, dit Buvat. Un prince de troisième ordre, sabre de bois ! un homme de cinq pieds huit pouces, plein de majesté, et qui remue les louis à la pelle ! un homme qui paie la copie quinze livres la page, et qui m'a donné vingt-cinq louis d'avance!... Un prince de troisième ordre!... Ah bien oui!

Alors il passa une autre crainte dans l'esprit de Bathilde, c'est que cette prétendue pratique, que Raoul procurait à Buvat, ne fût un moyen détourné de faire accepter au bonhomme un argent qu'il croirait avoir gagné. Cette crainte emportait avec elle quelque chose d'humiliant qui serra le cœur de Bathilde. Elle tourna les yeux vers la fenêtre de d'Harmental, et elle vit le jeune homme qui la regardait avec tant d'amour par un coin du carreau, qu'elle ne pensa plus à autre chose qu'à le regarder elle-même, et cela avec tant d'abandon, que Buvat lui-même, quelque peu habile qu'il fût à surprendre chez les autres ce genre de sentiment, s'aperçut de la préoccupation de sa pupille, et s'approcha sans malice pour voir ce qui attirait ainsi son attention. Mais d'Harmental vit paraître Buval, et laissa retomber le rideau, de sorte que le bonhomme en fut pour ses frais de curiosité.

— Ainsi donc, petit père, dit vivement Bathilde, qui craignait que Buvat ne se fût aperçu de quelque chose, et qui voulait détourner son attention, vous êtes content ?

— Très satisfait. Mais il faut que je te dise une chose.

— Laquelle ?

— Mon Dieu ! ce que c'est que de nous, et comme nous avons l'esprit faible !

— Que vous est-il donc arrivé ?

— Il est arrivé, tu te le rappelles, que je t'ai dit que je croyais reconnaître la figure et la voix de ce jeune homme, mais que je ne pouvais pas me souvenir où je les avais vues et entendues.

— Oui, vous m'avez dit cela.

— Eh bien, il m'est arrivé qu'en traversant la rue des Bons-Enfants pour gagner le Pont-Neuf, il m'est passé, en arrivant en face le n° 24, comme une illumination subite, et il m'a semblé que ce jeune homme était le même que j'avais vu pendant cette fameuse nuit à laquelle je ne pense jamais sans frissonner.

— Vrai, petit père? dit Bathilde en frissonnant elle-même. Oh! quelle folie!

— Oui, quelle folie! car je fus sur le point de revenir. Je pensai que ce prince de Listhnay pourrait bien être quelque chef de brigands, et qu'on voulait peut-être m'attirer dans une caverne; mais, comme je ne porte jamais d'argent sur moi, je réfléchis que mes craintes étaient exagérées, et heureusement je les combattis par le raisonnement.

— Et maintenant, petit père, vous êtes bien

convaincu, n'est-ce pas, reprit Bathilde, que ce pauvre jeune homme, qui est venu cet après-midi ici de la part de l'abbé Brigaud, n'a aucune affinité avec celui à qui vous avez parlé dans la rue des Bons-Enfants ?

— Sans doute. Un capitaine de voleurs, car je maintiens que telle est sa position sociale, un capitaine de voleurs ne serait pas en relation avec Son Altesse.

— Oh! cela n'aurait pas de sens, dit Bathilde.

— Non, cela n'aurait pas le moindre sens. Mais je m'oublie : mon enfant, tu m'excuseras si je ne reste pas ce soir avec toi ; j'ai promis à Son Altesse de me mettre ce soir à sa copie, et je ne veux pas lui manquer de parole. Bonsoir, mon enfant chéri.

— Bonsoir, petit père.

Et Buvat remonta dans sa chambre, où il

se mit incontinent à la besogne que lui avait si généreusement payée le prince de Listhnay.

Quant aux amants, ils reprirent leur conversation interrrompue par le retour de Buvat, et Dieu seul sait à quelle heure les deux fenêtres furent fermées.

IX.

LE SUCCESSEUR DE FÉNÉLON.

Grâce aux conventions arrêtées entre les jeunes gens, et qui donnaient à leur amour si longtemps contenu toute l'expansion possible, trois ou quatre jours s'écoulèrent, pareils à des instants, et pendant lesquels ils furent les êtres les plus heureux du monde.

Mais la terre qui semblait s'être arrêtée pour eux n'en continuait pas moins de tourner pour les autres, et les évènements qui devaient les réveiller au moment où ils s'y attendaient le moins se préparaient en silence.

M. le duc de Richelieu avait tenu sa promesse; le maréchal de Villeroy, absent des Tuileries pour une semaine seulement, comme nous l'avons vu, y avait été rappelé le quatrième jour par une lettre de la maréchale qui lui écrivait que sa présence était plus que jamais nécessaire auprès du roi, la rougeole venant de se déclarer à Paris et ayant déjà attaqué quelques personnes du Palais-Royal.

M. de Villeroy était revenu aussitôt, car, on se le rappelle, toutes ces morts successives qui trois ou quatre ans auparavant avaient affligé le royaume, avaient été mises sur le compte de la rougeole, et le maréchal ne voulait point perdre cette occasion de faire parade de sa vigilance dont il exagérait l'importance et surtout les résultats. En effet, comme gouverneur du roi, il avait le privilége de ne le quitter jamais que sur un ordre de lui-même et de rester chez lui quelque personne qui y entrât, même le régent. Or, c'était surtout vis à vis du régent que le duc affectait ces précautions étranges, et comme ces précautions servaient la haine de madame du Maine et de son parti, on louait beaucoup M. de Villeroy, et on allait répandant partout qu'il avait trouvé sur la cheminée de Louis XV des bonbons empoisonnés qui y avaient été déposés on ne savait par qui. Le résultat de tout cela était un surcroît de calomnie contre le duc d'Orléans, et partant un surcroît d'importance de la part du maréchal, qui avait fini par persuader au jeune roi que c'était à lui qu'il devait la vie. Grâce à cette conviction, il avait acquis une grande influence sur le cœur de ce pauvre enfant royal, qui, habitué à tout craindre, n'avait de confiance et d'amitié que pour M. de Villeroy et M. de Fréjus.

M. de Villeroy était donc bien l'homme qu'il fallait pour le message dont on venait de le charger, et grâce à l'irrésolution ordinaire à son caractère, il avait cependant hésité quelque temps à prendre une détermination. Il fut donc convenu que le lundi suivant jour pendant lequel, à cause de ses soupers du dimanche, M. le régent voyait très rarement le roi, les deux lettres de Philippe V seraient remises à Louis XV; puis M. de Villeroy profiterait de toute cette journée de solitude avec son élève pour lui faire signer l'ordre de convocation des états-généraux, qu'on expédierait séance tenante et qu'on rendrait public le lendemain, avant l'heure de la visite du régent à Sa Majesté ; de sorte que, si inattendue que fût cette mesure, il n'y aurait point à revenir dessus.

Pendant que ces choses se tramaient contre lui, le régent suivait sa vie ordinaire au milieu de ses travaux, de ses études, de ses plaisirs, et surtout de ses tracasseries intérieures. Comme nous l'avons dit, trois de ses filles lui donnaient des chagrins sérieux et réels ; madame de Berri, qu'il aimait avant toutes les autres, parce qu'il l'avait sauvée d'une maladie dans laquelle l'avaient condamnée tous les plus célèbres médecins, et qui oubliant toute retenue, vivait publiquement avec Riom, qu'elle menaçait d'épouser à chaque observation que lui faisait son père, menace étrange, et qui à cette époque cependant, au respect que l'on conservait encore pour la hiérarchie des rangs, devait en s'accomplissant, produire un plus grand scandale que n'en produisaient les amours qu'en tout autre temps ce mariage eût sanctifié.

De son côté mademoiselle de Chartres avait maintenu sa résolution de se faire religieuse, sans qu'on eût pu découvrir si cette résolution était, comme l'avait pensé le régent, la suite d'un dépit amoureux, ou, comme le soutenait sa mère, le résultat d'une vocation réelle. Il est vrai qu'elle continuait, toute novice qu'elle était, à se livrer à tous les plaisirs mondains que l'on peut introduire dans le cloître, et qu'elle avait fait transporter dans sa cellule ses fusils, ses pistolets, et surtout un magnifique assortiment de fusées, de soleils, de pétards et de chandelles romaines, grâce auquel elle donnait tous les soirs un divertissement pyrotechnique à ses jeunes amies ; au reste, elle ne quittait pas le seuil du couvent de

Chelles, où son père venait la visiter tous les mercredis.

La troisième personne de la famille qui après ses deux sœurs donnât le plus de tablature au régent, était mademoiselle de Valois, qu'il soupçonnait fort d'être la maîtresse de Richelieu, sans que jamais cependant il en eût pu obtenir une preuve certaine, quoiqu'il eût mis sa police à la piste des deux amants et que plus d'une fois soupçonnant mademoiselle de Valois de recevoir le duc chez elle, il y fût entré aux heures où il était le plus probable qu'il l'y rencontrerait. Ces soupçons s'étaient encore augmentés de la résistance qu'elle avait opposée à sa mère qui avait voulu lui faire épouser son neveu le prince de Dombes, devenu un excellent parti, enrichi qu'il était par les dépouilles de la grande Mademoiselle; aussi le régent avait-il saisi une nouvelle occasion de s'assurer si ce refus était causé par l'antipathie que lui inspirait le jeune prince ou par l'amour qu'elle portait à son beau duc, en accueillant les ouvertures que lui avaient faites Plenœuf, son ambassadeur à Turin, sur un mariage entre la belle Charlotte-Aglaé et le prince de Piémont. Mademoiselle de Valois s'était fort rebellée à cette nouvelle conspiration contre son pauvre cœur; mais elle avait eu beau gémir et pleurer, le régent, malgré la facile bonté de son caractère, s'était cette fois prononcé positivement, et les pauvres amants n'avaient plus aucun espoir, lorsqu'un événement inattendu était venu tout rompre. Madame, mère du régent, avec sa franchise tout allemande, avait écrit à la reine de Sicile, l'une de ses correspondantes les plus assidues, qu'elle l'aimait trop pour ne pas la prévenir que la princesse que l'on destinait au jeune prince de Piémont, avait un amant, et que cet amant était le duc de Richelieu. On devine que si avancées que fussent les choses, une pareille déclaration venant d'une personne de mœurs aussi austères que la Palatine, avait tout rompu. Le duc d'Orléans, au moment où il croyait avoir éloigné de lui mademoiselle de Valois, avait donc appris tout-à-coup la rupture, puis quelques jours après la cause de cette rupture ; il en avait boudé quelques jours Madame, en envoyant au diable cette manie d'écrire qui possédait la pauvre princesse Palatine ; mais comme le duc d'Orléans était du caractère le moins boudeur qui existât au monde, il avait bientôt ri lui-même de cette nouvelle escapade épistolaire de Madame, détourné qu'il avait été d'ailleurs de ce sujet par un sujet bien autrement important : il s'agissait de Dubois, qui voulait à toute force être archevêque.

Nous avons vu comment, au retour de Dubois de Londres, la chose avait déjà été emmanchée sous forme de plaisanterie, et comment le régent avait reçu la recommandation du roi Guillaume ; mais Dubois n'était pas homme à se laisser abattre par un premier refus. Cambrai vaquait par la mort, à Rome, du cardinal La Trémouille. C'était un des plus riches archevêchés et un des plus grands postes de l'église : 150,000 livres de rentes y étaient attachés, et comme avec Dubois l'argent ne gâtait jamais rien, et qu'au contraire il s'en procurait par tous les moyens possibles, il serait difficile de dire s'il était plus tenté par le titre de successeur de Fénélon que par le riche bénéfice qui y était attaché. Aussi à la première occasion, Dubois remit-il l'archevêché sur le tapis. Cette fois comme la première, le régent voulut tourner la chose au comique ; mais Dubois devint plus positif et plus pressant. Le régent ne savait pas supporter un ennui, et Dubois commençait à l'ennuyer avec sa persistance; de sorte que croyant mettre Dubois au pied du mur, il lui porta le défi de trouver un prélat qui voulût le sacrer.

— N'est-ce que cela ? s'écria Dubois tout joyeux, j'ai notre affaire sous la main.

— Impossible, dit le régent, qui ne croyait pas que la courtisanerie humaine pût aller jusque-là.

— Vous allez voir, dit Dubois. Et il sortit en courant.

Au bout de cinq minutes il rentra.

— Eh bien ? demanda le régent.

— Eh bien, répondit Dubois, j'ai notre affaire.

— Eh! quel est le sacre, s'écria le régent, qui consent à sacrer un sacre comme toi?

— Votre premier aumônier en personne, Monseigneur.

— L'évêque de Nantes?

— Ni plus ni moins.

— Tressan?

— Lui-même.

— Impossible!

— Tenez, le voilà.

En ce moment la porte s'ouvrit, et l'huissier annonça monseigneur l'évêque de Nantes.

Venez, Monseigneur, venez! cria Dubois en allant au devant de lui, son Altesse Royale vient de nous honorer tous les deux, en me nommant, comme je vous l'ai dit, moi archevêque de Cambrai, et, en vous choisissant, vous, pour me sacrer.

— Monsieur de Nantes, demanda le régent, est-ce que vous consentez réellement à vous charger de faire de l'abbé un archevêque?

— Les désirs de Votre Altesse sont des ordres pour moi, Monseigneur.

— Mais vous savez, qu'il est simple tonsuré et n'a reçu ni le sous-diaconat, ni le diaconat, ni la prêtrise.

— Qu'importe, Monseigneur, interrompit Dubois, voici M. de Nantes qui vous dira que tous ces ordres peuvent se conférer en un jour.

— Mais il n'y a pas d'exemple d'une pareille escalade.

— Si fait, saint Ambroise.

— Alors, mon cher abbé, dit en riant le régent, si tu as pour toi les Pères de l'église, je n'ai plus rien à dire, et je t'abandonne à M. de Tressan.

— Je vous le rendrai avec la crosse et la mitre, Monseigneur.

— Mais il te faut le grade de licencié, continua le régent, qui commençait à s'amuser de cette discussion.

— J'ai parole de l'université d'Orléans.

— Mais il te faut des attestations, des démissoires?

— Est-ce que Besons n'est pas là

— Un certificat de bonne vie et de mœurs ?

— J'en aurai un signé de Noailles

— Ah! pour cela, je t'en défie, l'abbé.

— Eh bien! Votre Altesse m'en donnera un alors. Et que diable, la signature du régent de France aura bien autant de crédit à Rome que celle d'un méchant cardinal.

— Dubois, dit le régent, un peu plus de respect, s'il te plaît, pour les princes de l'église.

— Vous avez raison, Monseigneur, on ne sait pas ce qu'on peut devenir.

— Toi, cardinal ! Ah ! par exemple ! s'écria le régent en éclatant de rire.

— Puisque Votre Altesse ne veut pas me donner le bleu (1), dit Dubois, il faut bien que je me contente du rouge, en attendant mieux.

— Mieux, cardinal !

— Tiens, pourquoi ne serai-je point un jour pape ?

— Au fait, Borgia l'a bien été.

— Dieu nous donne bonne vie à tous les deux, Monseigneur, et vous verrez cela et bien d'autres choses encore.

— Pardieu ! dit le régent, tu sais que je me moque de la mort.

(1) Le cordon bleu, qu'on ne pouvait avoir qu'en faisant ses preuves.

— Hélas! que trop.

— Eh bien! tu vas me rendre poltron, par curiosité.

— Il n'y aurait pas de mal; et pour commencer, Monseigneur ne ferait pas mal de supprimer ses courses nocturnes.

— Pourquoi cela?

— Parce que sa vie y court des risques d'abord.

— Que m'importe!

— Puis pour une autre raison encore.

— Laquelle?

— Parce qu'elles sont, dit Dubois en prenant son air hypocrite, un sujet de scandale pour l'Église!

— Va-t'en au diable.

— Vous voyez, Monseigneur, dit Dubois en se retournant vers Tressan, au milieu de quels libertins et de quels pécheurs endurcis je suis forcé de vivre. J'espère que Votre Éminence aura égard à ma position et ne sera pas trop sévère pour moi.

— Nous ferons de notre mieux, Monseigneur, répondit Tressan.

— Et quand cela? dit Dubois, qui ne voulait pas perdre une heure.

— Aussitôt que vous serez en règle.

— Je vous demande trois jours.

— Eh bien! le quatrième je suis à vos ordres.

— Nous sommes aujourd'hui samedi. A jeudi donc!

— A jeudi, répondit Tressan.

— Seulement je dois te prévenir d'avance, l'abbé, reprit le régent, qu'il manquera une personne de quelque importance à ton sacre.

— Et qui oserait me faire cette injure?

— Moi!

— Vous, Monseigneur, vous y serez, et dans votre tribune officielle.

— Je te réponds que non !

— Je parie mille louis.

— Et moi je te donne ma parole d'honneur.

— Je parie le double.

— Insolent !

— A mercredi, monsieur de Tressan ; a mon sacre, Monseigneur.

Et Dubois sortit tout joyeux pour aller crier partout sa nomination.

Cependant Dubois s'était trompé sur un point, c'était sur l'adhésion du cardinal de Noailles ; quelque menace ou quelque promesse qu'on pût lui faire, on ne parvint point à lui arracher l'attestation de bonne vie et mœurs que Dubois s'était flatté d'obtenir de sa main. Il est vrai que ce fut le seul qui osât faire cette sainte et noble opposition au scandale qui menaçait l'Église ; l'Université d'Orléans donna les licences; Besons, l'archevêque de Rouen, le démissoire; et tout étant prêt au jour dit, Dubois partit à cinq heures du matin, en habit de chasse, pour Pontoise, où il trouva M. de Nantes qui, selon la promesse qu'il avait faite, lui administra le sous-diaconat, le diaconat et la prêtrise. A midi tout était fini, et à quatre heures, après avoir passé au conseil de régence, qui se tenait au vieux Louvre à cause des rougeoles qui, comme nous l'avons dit, régnaient aux Tuileries, Dubois rentrait chez lui en habit d'archevêque : La première personne qu'il aperçut dans sa chambre fut la Fillon. En sa double qualité d'attachée à la police secrète et aux amours publiques, elle avait ses entrées à toute heure chez le ministre, et malgré la solennité du jour, comme elle avait affirmé avoir les choses de la plus haute importance à lui communiquer, on n'avait point osé lui refuser la porte.

— Ah! s'écria Dubois en apercevant sa vieille amie, la rencontre est bonne.

— Pardieu! mon compère, répondit la Fillon, si tu es assez ingrat pour oublier tes anciens amis, je ne suis pas assez bête pour oublier les miens, surtout lorsqu'ils montent en grade.

— Ah ça, dis-moi, reprit Dubois en commençant à dépouiller ses ornements sacerdotaux, est-ce que tu comptes continuer à m'appeler ton compère, maintenant que me voilà archevêque?

— Plus que jamais, et j'y tiens si fort que je compte, la première fois que le régent viendra chez moi, lui demander une abbaye, afin que nous marchions toujours de pair l'un avec l'autre.

— Il y va donc toujours, chez toi, le libertin?

— Hélas! plus pour moi, mon pauvre compère. Ah! le bon temps est passé; mais j'espère que, grâce à toi, il va revenir, et que la maison se ressentira de ton élévation.

— Oh! ma pauvre commère, dit Dubois en se baissant pour que la Fillon lui dégrafât son camail, tu sens bien que maintenant les choses sont changées, et que je ne puis plus te faire de visites comme par le passé.

— Tu es bien fier; Philippe y vient bien toujours, lui.

— Philippe n'est que régent de France, et je suis archevêque, moi. Tu comprends? Il me faut une maîtresse à domicile, où je puisse aller sans scandale : comme madame de Tencin, par exemple.

— Oui, qui vous trompe pour Richelieu.

— Et qui est-ce qui te dit que ce n'est pas Richelieu qu'elle trompe pour moi, au contraire ?

— Ouais ! est-ce qu'elle cumulerait, par hasard, et qu'elle ferait à la fois l'amour et la police ?

— Peut-être. Mais à propos de police, reprit Dubois en continuant de se déshabiller, sais-tu bien que la tienne s'endort diablement depuis trois ou quatre mois, et que si cela continue, je serai forcé de te retirer ta subvention ?

— Ah ! pleutre ! s'écria la Fillon, voilà comme tu traites tes anciennes connaissances ! Je venais te faire une révélation; eh bien ! tu ne la sauras pas.

— Une révélation à propos de quoi ?

— Tarare, ôte-moi ma subvention, voyons, cuistre que tu es !

—Serait-il question de l'Espagne? demanda en fronçant le sourcil le nouvel archevêque, qui sentait instinctivement que le danger venait de là.

— Il n'est question de rien du tout, compère, que d'une belle fille que je voulais te présenter; mais, comme tu te fais ermite, bonsoir.

Et la Fillon fit quatre pas vers la porte.

— Allons, viens ici, dit Dubois en faisant de son côté quatre pas vers son secrétaire.

Et les deux vieux amis, si bien dignes de se comprendre, s'arrêtèrent et se regardèrent en riant.

— Allons, allons, dit la Fillon, je vois que tout n'est pas perdu et qu'il y a encore du bon en toi, compère. Voyons ; ouvre ce bon petit secrétaire, montre-moi un peu ce qu'il a dans le ventre, et j'ouvrirai la bouche, et je te montrerai ce que j'ai dans le cœur, moi.

Dubois tira un rouleau de cent louis et le fit voir à la Fillon.

— Qu'est-ce que contient le saucisson? dit-elle. Voyons, ne mens pas; d'ailleurs je compterai après toi pour être plus sûre.

— Deux mille quatre cents livres, c'est un joli denier, ce me semble.

— Oui, pour un abbé; mais pas pour un archevêque.

— Mais, malheureuse, dit Dubois, tu ne sais donc pas à quel point les finances sont obérées !

— Eh bien! en quoi cela t'inquiète-t-il, farceur, puisque Law va vous refaire des millions?

— Veux-tu, en échange de ce rouleau, dix mille livres d'actions sur le Missipipi?

— Merci, l'amour, je préfère les cent louis;

donne, je suis bonne femme, moi, et un autre jour, tu seras plus généreux.

— Eh bien! maintenant, qu'as-tu à me dire? Voyons!

— D'abord, compère, promets-moi une chose.

— Laquelle?

— C'est que comme il s'agit d'un vieil ami, il ne lui sera fait aucun mal.

— Mais si ton vieil ami est un gueux qui mérite d'être pendu, pourquoi diable veux-tu lui faire tort de la potence?

— C'est comme cela. J'ai mes idées, moi.

— Va te promener. Je ne puis rien promettre.

— Allons, bonsoir, compère, voilà tes cent louis.

— Ah ça, mais tu deviens donc bégueule à présent?

— Non; mais je lui ai des obligations, à cet homme. C'est lui qui m'a lancée dans le monde.

— Eh bien ! il peut se vanter d'avoir rendu ce jour-là à la société un joli service.

— Un peu, mon neveu, et il n'aura pas à s'en repentir, puisque je ne dis rien aujourd'hui; s'il n'a pas la vie sauve.

— Eh bien, il aura la vie sauve. Je te le promets, es-tu contente ?

— Et sur quoi me promets-tu cela ?

— Foi d'honnête homme

— Compère, tu veux me voler.

— Mais sais-tu que tu m'ennuies, à la fin !

— Ah ! je t'ennuie ! Eh bien ! adieu.

— Ma commère, je vais te faire arrêter.

— Qu'est-ce que cela me fait ?

— Je vais te faire conduire en prison.

— Je m'en moque pas mal.

— Et je t'y laisse pourrir.

— Jusqu'à ce que tu pourrisses toi-même : ça ne sera pas long.

— Eh bien, voyons, que veux-tu ?

— Je veux la vie de mon capitaine.

— Tu l'auras.

— Foi de quoi ?

— Foi d'archevêque.

— Autre chose.

— Foi d'abbé.

— Autre chose encore.

— Foi de Dubois.

— A la bonne heure. Eh bien, il faut te dire d'abord que mon capitaine est bien le capitaine le plus râpé qui existe dans le royaume.

— Diable ? il y a pourtant concurrence.

— Eh bien, à lui le pompon.

— Continue.

— Or, tu sauras que mon capitaine

est depuis quelque temps riche comme Crésus.

— Il aura volé quelque fermier-général?

— Incapable. Tué, bon ! mais volé... pour qui le prends-tu?

— Eh bien! alors, d'où penses-tu que lui vient cet argent?

— Connais-tu la monnaie, toi?

— Oui.

— D'où vient celle-ci, alors?

— Ah! ah! des doublons d'Espagne.

— Et sans alliage... A l'effigie du roi Charles II... des doublons qui valent 48 livres comme un liard... et qui coulent de ses poches comme une source, pauvre cher homme!

— Et à quelle époque a-t-il commencé à suer l'or comme cela, ton capitaine?

— A quelle époque? La surveille du jour où le régent a manqué d'être enlevé dans la rue des Bons-Enfants. Comprends-tu l'apologue, compère?

— Oui-dà ; et pourquoi est-ce d'aujourd'hui seulement que tu viens me prévenir ?

— Parce que les poches commencent à se vider et que c'est le bon moment de savoir où il va les remplir.

— Oui n'est-ce pas? et que tu voulais lui donner tout le temps d'en arriver là ?

— Tiens ! il faut bien que tout le monde vive !

— Eh bien ! tout le monde vivra, commère, même ton capitaine. Mais, tu comprends, il faut que je sache tout ce qu'il fait.

— Jour par jour.

— Et de laquelle de tes demoiselles est-il amoureux ?

— De toutes, quand il a de l'argent.

— Et quand il n'en a pas ?

— De la Normande. C'est son amie du cœur.

— Je la connais : c'est une fine mouche.

— Oui ; mais il ne faut pas compter sur elle.

— Et pourquoi cela

— Elle l'aime, la petite sotte.

— Ah ça, mais sais-tu que voilà un gaillard bien heureux !

— Et il peut dire qu'il le mérite. Un vrai cœur d'or ! qui n'a rien à lui. Ce n'est pas comme toi, vieil avare !

— C'est bon ! c'est bon ! Tu sais bien qu'il y a des occasions où je suis pis que l'enfant prodigue; et il ne dépend que de toi de les faire naître, ces occasions-là.

— On y fera son possible, alors.

— Ainsi, jour par jour je saurai ce que fait ton capitaine ?

— Jour par jour, c'est dit!

— Foi de quoi?

— Foi d'honnête femme!

— Autre chose!

— Foi de Fillon!

— A la bonne heure!

— Adieu, monseigneur l'archevêque.

— Adieu, commère.

La Fillon s'avança vers la porte, mais au moment où elle s'apprêtait à sortir, l'huissier entra.

— Monseigneur, dit-il, c'est un brave homme qui demande à parler à Votre Éminence.

— Et quel est ce brave homme, imbécile?

— Un employé de la Bibliothèque royale qui dans ses moments perdus fait des copies.

— Et que veut-il?

— Il dit qu'il a une révélation de la plus grande importance à faire à Votre Éminence.

— C'est quelque pauvre diable qui demande un secours?

— Non, Monseigneur, il dit que c'est pour affaire politique.

— Diable! Relative à quoi?

— Relative à l'Espagne.

— Fais entrer alors. Et toi, ma commère, passe dans ce cabinet.

— Pourquoi faire?

— Eh bien! si mon écrivain et ton capitaine allaient se connaître, par hasard.

— Tiens, dit la Fillon, ce serait drôle.

— Allons, entre vite.

La Fillon entra dans le cabinet que lui indiquait Dubois.

Un instant après, l'huissier ouvrit la porte nnonça M. Je

Maintenant, disons comment cet important personnage de notre histoire avait l'honneur d'être reçu en audience particulière par monseigneur l'archevêque de Cambrai.

X

LE COMPLICE DU PRINCE DE LISTHNAY.

Nous avons quitté Buvat remontant chez lui son rouleau de papier à la main, pour accomplir la promesse qu'il avait faite au prince de Listhnay. Cette promesse avait été religieusement tenue, et, malgré la difficulté qu'il y avait pour Buvat à écrire dans une langue étrangère, le lendemain, la copie attendue avait été portée dans la rue du Bac, n° 110, à sept heures du soir. Buvat avait alors reçu des mêmes mains augustes de nouvelle besogne, qu'il avait rendue avec la même ponctualité ; de sorte que le prince de Listhnay, prenant confiance dans un homme qui lui avait déjà donné de pareilles preuves d'exactitude, avait pris sur son bureau une liasse de papiers plus considérable que les deux premières, et, afin de ne pas déranger Buvat tous les jours, et sans doute pour ne pas être dérangé lui-même, lui avait ordonné de rapporter le tout ensemble, ce qui supposait trois ou quatre jours d'intervalle entre l'entrevue présente et l'entrevue à venir.

Buvat était rentré chez lui plus fier et plus honoré que jamais de cette marque de confiance, et il avait trouvé Bathilde si gaie et si heureuse qu'il était remonté dans sa chambre dans un état de satisfaction intérieure qui se rapprochait de la béatitude. Il s'était mis aussitôt au travail, et il est inutile de dire que le travail s'était ressenti de cette disposition de l'esprit. Quoique Buvat, malgré l'espérance qu'il avait un instant conçue, ne comprît point le moins du monde l'espagnol, il était parvenu à le lire couramment; de sorte que ce travail tout mécanique, lui épargnant même la peine de suivre une pensée étrangère, lui permettait de chantonner sa petite chanson tout en copiant son long mémoire. Ce fut donc presque un désappointement pour lui lorsque, la première copie terminée, il trouva, entre cette première et la seconde, une pièce entièrement française. Buvat s'était habitué depuis cinq jours au pur castillan, et tout dérangement dans les habitudes du brave homme était une fatigue; mais Buvat, esclave de son devoir, ne se prépara pas moins à l'accomplir scrupuleusement; et quoique la pièce n'eût point de numéro d'ordre et qu'elle eût tout l'air de s'être glissée là par mégarde, il n'en résolut pas moins de la copier, à son tour, de fait sinon de droit, en vertu de cette maxime : *Quod abundat non vitiat*. Il rafraîchit donc sa plume d'un léger coup de canif, et passant de l'écriture bâtarde à l'écriture renversée, il commença à copier les lignes suivantes :

« Confidentielle.

« Pour Son Excellence monseigneur Alberoni en personne.

« Rien n'est plus important que de s'assurer des places voisines des Pyrénées, et des seigneurs qui font leur résidence dans ces cantons. »

— Dans ces cantons, répéta Buvat après avoir écrit ; puis, enlevant un cheveu qui s'était glissé dans la fente de sa plume, il continua :

« Gagner la garnison de Bayonne ou s'en rendre maître. »

— Qu'est-ce à dire? murmura Buvat : gagner la garnison de Bayonne. Est-ce que Bayonne n'est pas une ville française? Voyons, voyons un peu, et il reprit :

« Le marquis de P... est gouverneur de D... On connaît les intentions de ce seigneur : quand il sera décidé, il doit tripler sa dépense pour attirer la noblesse, il doit répandre des gratifications.

« En Normandie, Carentan est un poste important. Se conduire avec le gouverneur de cette ville comme avec le marquis de P..., aller plus loin, assurer à ces officiers les récompenses qui leur conviennent.

« Agir de même dans toutes les provinces. »

— Ouais, dit Buvat en relisant ce qu'il venait d'écrire. Qu'est-ce que cela signifie? Il me semble qu'il serait prudent de lire la chose entière avant d'aller plus loin.

Et il lut :

« Pour fournir à cette dépense, on doit compter au moins sur trois cent mille livres le premier mois, et dans la suite cent mille livres par mois payées exactement. »

— Payées exactement, murmura Buvat en s'interrompant. Il est évident que ce n'est point par la France que ces paiements doivent être faits, puisque la France est si gênée, que depuis cinq ans elle ne peut pas me payer mes neuf cents livres d'appointements. Voyons! voyons! Et il reprit :

« Cette dépense, qui cessera à la paix, met

le roi catholique à même d'agir sûrement en cas de guerre.

« L'Espagne ne sera qu'un auxiliaire. L'armée de Philippe V est en France.

— Tiens, tiens, tiens! dit Buvat, et moi qui ne savais pas même qu'elle eût passé la frontière.

« L'armée de Philippe V est en France : une tête d'environ dix mille Espagnols est plus que suffisante avec la présence du roi.

« Mais il faut compter d'enlever au moins la moitié de l'armée du duc d'Orléans. (Buvat tressaillit.) C'est ici le point décisif; cela ne peut s'exécuter sans argent. Une gratification de 100,000 livres est nécessaire par bataillon et par escadron.

« Vingt bataillons, c'est deux millions : avec cette somme on forme une armée sûre; on détruit celle de l'ennemi.

« Il est presque certain que les sujets les plus dévoués du roi d'Espagne ne seront pas employés dans l'armée qui marchera contre lui; qu'ils se dispersent dans les provinces : là ils agiront utilement; les revêtir d'un caractère s'ils n'en ont pas : dans ce cas, il est nécessaire que Sa Majesté catholique envoie des ordres en blanc que son ministre à Paris puisse remplir.

« Attendu la multiplicité des ordres à donner, il convient que l'ambassadeur ait pouvoir de signer pour le roi d'Espagne.

« Il convient encore que Sa Majesté catholique signe ses ordres comme fils de France, c'est là son titre.

« Faire un fonds pour une armée de 30,000 hommes que Sa Majesté trouvera ferme, aguerrie et disciplinée.

« Ce fonds, arrivé en France à la fin de

mai ou au commencement de juin, doit être distribué immédiatement dans les capitales des provinces, telles que Nantes, Bayonne, etc., etc.

« Ne pas laisser sortir d'Espagne l'ambassadeur de France; sa présence répondra de la sûreté de ceux qui se déclareront (1). »

— Sabre de bois! s'écria Buvat en se frottant les yeux, mais c'est une conspiration! une conspiration contre la personne du régent et contre la sûreté du royaume. Oh! oh!

Et Buvat tomba dans une méditation profonde.

En effet, la position était critique : Buvat mêlé à une conspiration! Buvat chargé d'un secret d'état! Buvat tenant dans sa main peut-être le sort des nations! Il n'en fallait pas

---

(1) Cette pièce est copiée textuellement sur la pièce originale déposée aux archives des affaires étrangères.

tant pour jeter le brave homme dans une étrange perplexité.

Aussi les secondes, les minutes, les heures s'écoulèrent sans que Buvat, la tête renversée sur son fauteuil et ses gros yeux fixés au plafond, fît le moindre mouvement. De temps en temps seulement une bouffée de respiration bruyante sortait de sa poitrine, comme l'expression d'un étonnement indéfini.

Dix heures, onze heures, minuit sonnèrent; Buvat pensait que la nuit portait conseil et se détermina enfin à se coucher ; il va sans dire qu'il en était resté à l'endroit de sa copie, où il s'était aperçu que l'original prenait une tournure illicite.

Mais Buvat ne put dormir ; le pauvre diable eut beau se tourner et se retourner de tous côtés, à peine fermait-il les yeux qu'il voyait le malheureux plan de conspiration écrit en lettres de feu sur la muraille. Une ou deux fois vaincu par la fatigue, il sentit le sommeil venir; mais à peine eut-il perdu connaissance qu'il rêva, la première fois qu'il était arrêté par le guet comme complice de la conjuration, et la seconde fois, qu'il était poignardé par les conjurés. La première fois, Buvat se réveilla tout tremblant, et la seconde fois tout baigné de sueur. Ces deux impressions avaient été si cruelles que Buvat battit le briquet, ralluma sa chandelle et résolut d'attendre le jour sans plus longtemps essayer de dormir.

Le jour vint; mais le jour, loin de chasser les fantômes de la nuit, ne fit que leur donner une plus effrayante réalité. Au moindre bruit qui se faisait dans la rue, Buvat tressaillait; on frappa à la porte de la rue, et Buvat pensa s'évanouir. Nanette ouvrit la porte de la chambre, et Buvat jeta un cri. Nanette accourut à lui et lui demanda ce qu'il avait ; mais Buvat se contenta de secouer la tête et de répondre en poussant un soupir :

— Ah! ma pauvre Nanette, nous vivons dans un temps bien triste.

Et il s'arrêta aussitôt, craignant d'en avoir trop dit.

Buvat était trop préoccupé pour descendre déjeûner avec Bathilde; d'ailleurs il craignait que la jeune fille ne s'aperçût de son inquiétude et ne lui en demandât la cause. Or, comme il ne savait rien cacher à Bathilde, cette cause, il la lui eût dit, et Bathilde aussi alors devenait complice. Il se fit donc monter son café sous prétexte qu'il avait un surcroît de besogne, et qu'il allait travailler tout en déjeûnant. Comme l'amour de Bathilde trouvait son compte à cette absence, la pauvre amitié ne s'en plaignit point.

A dix heures moins quelques minutes, Buvat partit pour son bureau ; si ses craintes avaient été grandes chez lui, comme on le pense bien, une fois dans la rue elles se changèrent en terreur. A chaque carrefour, au fond de chaque impasse, derrière chaque angle, il croyait voir des exempts de police embusqués et attendant son passage pour lui mettre la main sur le collet. Au coin de la place des Victoires un mousquetaire déboucha, venant de la rue Pagevin, et Buvat fit en l'apercevant un tel saut de côté, qu'il pensa se jeter sous les roues d'un carrosse qui venait de la rue du Mail. Au commencement de la rue Neuve-des-Petits-Champs, Buvat entendit marcher vivement derrière lui, et Buvat se mit à courir sans tourner la tête jusqu'à la rue de Richelieu, où il fut forcé de s'arrêter, vu que ses jambes, peu habituées à ce surcroît d'excitation, menaçaient de ne le point mener plus loin ; enfin, tant bien que mal, il arriva à la Bibliothèque, salua jusqu'à terre le factionnaire qui montait la garde à la porte, et s'étant glissé vivement sous la galerie de droite, il prit le petit escalier qui conduit à la section des manuscrits, gagna son bureau et tomba épuisé sur son fauteuil de cuir, enferma dans son tiroir tout le paquet du prince de Listhnay, qu'il avait apporté, de peur que la police ne fît une visite chez lui en son absence ; et reconnaissant enfin qu'il était à peu près en sûreté, poussa un soupir qui n'eût point manqué de dénoncer Buvat à ses collègues, comme en proie à une grande agitation, si, selon son habitude, Buvat n'était point arrivé avant tous ses collègues.

Buvat avait un principe, c'est qu'il n'y

avait aucune préoccupation particulière, que cette préoccupation fût gaie ou triste, qui dût détourner un employé de son service. Or, il se mit à sa besogne en apparence comme si rien ne s'était passé, mais en réalité dans un état de perturbation morale impossible à décrire.

Cette besogne consistait comme d'habitude à classer et à étiqueter des livres; le feu ayant pris quelques jours auparavant dans une des salles de la Bibliothèque, on avait jeté pêle-mêle dans des tapis et transporté hors de la portée des flammes trois ou quatre mille volumes, qu'il s'agissait maintenant de réinstaller sur leurs rayons respectifs. Or, comme c'était une besogne fort longue et surtout fort ennuyeuse, Buvat en avait été chargé de préférence et s'en était acquitté jusque-là avec une intelligence et surtout une assiduité qui lui avaient mérité l'éloge de ses supérieurs et la raillerie de ses collègues. Deux ou trois cents volumes restaient donc seulement à classer et ajouter à la série de leurs confrères en langage, sens, moralité, et nous pourrions même dire immoralité, car une des deux chambres déménagée, était remplie de volumes fort peu chastes, qui plus d'une fois avaient, soit par leurs titres, soit par leurs dessins, fait rougir jusqu'au blanc des yeux le pudique écrivain, qui, au milieu de ces piles de romans licencieux et de mémoires effrontés, parmi lesquels s'étaient égarés quelques livres d'histoire étonnés de se trouver en pareille compagnie, semblait un autre Loth debout sur les ruines des vieilles cités corrompues.

Malgré l'urgence du travail, Buvat resta quelques instants à se remettre ; mais à peine vit-il la porte s'ouvrir et un de ses collègues entrer et prendre sa place, qu'instinctivement il se leva, saisit sa plume, la trempa dans l'encre, et, faisant provision dans sa main gauche d'un certain nombre de petits carrés de parchemins, s'achemina vers les derniers volumes empilés les uns sur les autres ou gisants sur le parquet, et prit pour continuer son classement le premier qui lui tomba sous la main, tout en marmottant entre ses dents, comme il avait l'habitude de le faire en pareille circonstance.

Le Bréviaire des Amoureux, imprimé à Liège en 1712, chez... pas de nom d'imprimeur. Ah! mon Dieu! encore des nudités ; mais quel amusement les chrétiens peuvent-ils trouver à lire de pareils livres, et que l'on ferait bien mieux de les faire brûler en Grève par la main du bourreau! Par la main du bourreau! prrrouuu! quel diable de nom ai-je prononcé là, moi!.... Mais aussi qu'est-ce que cela peut être que ce prince de Listhnay qui me fait copier de pareilles choses ? et ce jeune homme qui sous prétexte de me rendre service vient me faire faire connaissance avec un pareil coquin ! Allons, allons, il ne s'agit pas de cela ici ; c'est égal, c'est bien agréable d'écrire sur du parchemin, la plume glisse comme sur de la soie, les déliés sont fins, les pleins sont gras, et véritablement on se mire dans son écriture. Passons à autre chose : *Angélique ou les Plaisirs secrets*, avec gravures, et quelles gravures encore ! *Londres* : on devrait défendre à de pareils livres de passer la frontière. D'ici à quelques jours nous allons en voir de belles sur la frontière. S'assurer des places voisines des Pyrénées et des seigneurs qui font leur résidence dans ces cantons. Il faut espérer que les places ne se laisseront pas prendre comme cela, que diable! et il y a encore des sujets fidèles en France. Allons, voilà que j'écris Bayonne au lieu de Londres, et France au lieu d'Angleterre. Ah! maudit prince! va! puisses-tu être pris, pendu, écartelé; mais si on le prend et qu'il me dénonce! Sabre de bois! c'est possible.

— Eh bien, monsieur Buvat, dit le commis d'ordre, que faites-vous là les bras croisés depuis cinq minutes, à rouler vos gros yeux effarés?

— Rien, monsieur Ducoudray, rien. Je rumine dans ma tête un nouveau mode de classement.

— Un nouveau mode de classement? qu'est-ce qu'un perturbateur comme vous? Vous voulez donc faire une révolution, monsieur Buvat?

— Moi, une révolution? s'écria Buvat avec

terreur. Une révolution ! Jamais, Monsieur, au grand jamais ! Dieu merci ! on connaît mon dévoûment à monseigneur le régent ; dévoûment bien désintéressé, puisque depuis cinq ans, comme vous le savez, on ne nous paie plus, et si un jour j'avais le malheur d'être accusé d'une pareille chose, j'espère, Monsieur, que je trouverais des témoins, des amis qui répondraient de moi.

— C'est bien, c'est bien. En attendant, monsieur Buvat, continuez votre besogne. Vous savez qu'elle est pressée ; tous ces livres nous encombrent notre bureau, et il faut que demain à quatre heures au plus tard ils soient sur leurs rayons.

— Ils y seront, Monsieur ; ils y seront quand je devrais passer la nuit.

— Il est bon enfant le père Buvat, dit un employé qui était arrivé depuis une demi-heure et qui n'avait pas encore fini de tailler sa plume; il propose de passer la nuit depuis qu'il sait qu'il y a une ordonnance qui défend de veiller de peur du feu; mais c'est égal, ça fait toujours bien, on a l'air d'avoir de la bonne volonté, ça flatte les chefs; oh! câlin que tu es, va, père Buvat.

Buvat était trop habitué à de pareilles apostrophes pour s'en inquiéter; aussi ayant classé les deux premiers livres qu'il venait d'inscrire et d'étiqueter, il en prit un troisième et continua.

Bibi ou *Mémoires inédits de l'épagneul de mademoiselle de Champmeslé*. Peste! voici un livre qui doit être fort intéressant!... Mademoiselle de Champmeslé une grande actrice, *orné du portrait de la maîtresse de l'auteur*, une fort belle femme, ma foi; des cheveux magnifiques; ce chien a dû connaître M. Racine, et une foule d'autres grands, et s'il dit la vérité, je le répète, ces mémoires doivent être fort curieux : — *à Paris, chez Barbin, 1694...* Ah!.. *Conjuration de M. de Cinq-Mars...* diable! diable!... j'ai entendu parler de cela : c'était un beau gentilhomme qui était en correspondance avec l'Espagne... cette maudite Espagne, qu'a-t-elle besoin de se mêler éternellement de nos affaires?.. il est vrai que cette fois-ci, il est dit que l'Espagne *ne sera qu'une auxiliaire*, mais une auxiliaire qui s'empare de nos villes, et qui débauche nos soldats, cela ressemble beaucoup à une ennemie... *Conjuration de M. de Cinq-Mars, suivie de la relation de sa mort et de celle de M. de Thou, condamné pour non révélation, par un témoin oculaire.* Pour non révélation... oh! la la!... c'est juste... la loi est positive... celui qui ne révèle pas est complice... Ainsi, moi, par exemple, moi, je suis complice du prince de Listhnay, et si on lui coupe la tête, on me la coupera aussi.... non ; c'est-à-dire, on se contentera de me pendre, attendu que je ne suis pas noble.. ; pendu!.. c'est impossible qu'on se porte à un tel excès à mon égard... d'ailleurs je suis décidé, je déclarerai tout...; mais en déclarant tout, je suis un dénonciateur... un dénonciateur! fi donc!.. mais pendu... oh! oh!...

— Mais que diable avez-vous donc aujourd'hui, père Buvat, dit le collègue du bonhomme en achevant de tailler sa plume; vous défaites votre cravate. Est-ce qu'elle vous étrangle, par hasard? Eh bien, vous ne vous gênez pas! Otez votre habit, maintenant! A votre aise, père Buvat! à votre aise!

— Pardon, Messieurs, dit Buvat; mais c'était sans y faire attention..... machinalement... Je n'avais pas l'intention de vous offenser.

— A la bonne heure!

Et Buvat, après avoir resserré sa cravate, classa la *Conjuration de M de Cinq-Mars* et étendit en tremblant la main vers un autre volume.

— *Art de plumer la poule sans la faire crier*. Ceci est sans doute un livre de cuisine. Si j'avais le temps de m'occuper du ménage, je copierais quelque bonne recette que je donnerais à Nanette pour ajouter quelque chose à notre ordinaire des dimanches, car, maintenant que l'argent revient..... oui, il revient, malheureusement il revient, et par quelle source, mon Dieu! Oh! je le lui rendrai, son argent, et ses papiers aussi, jusqu'à la dernière ligne. Oui, mais j'aurai beau les lui rendre, il ne me rendra pas les miens, lui... plus de quarante pages de mon écriture... Et le cardinal de Richelieu qui ne demandait que cinq lignes de la main d'un homme pour le faire pendre! Ils ont de quoi me faire pendre cent fois, moi!... Et encore, c'est qu'il n'y aura pas moyen de la nier, cette écriture, cette superbe écriture, elle est connue, c'est bien la mienne... Oh! les misérables! ils ne savent donc pas lire, qu'ils ont besoin de manifestes moulés!... Et quand je pense que lorsqu'on lira mes étiquettes et qu'on demandera : « Oh! oh! quel est l'employé qui a classé ces volumes? » on répondra : « Mais, vous savez bien, c'est ce gueux de Buvat, qui était de la conspiration du prince de Listhnay... » Voyons, ce n'est pas tout cela.

Art de plumer la poule sans la faire crier. Paris, 1709, chez Comon, éditeur, rue du Bac, n° 110. Allons, voilà que je mets l'adresse du prince, maintenant. Ah! ma parole d'honneur! ma tête se perd, je deviens fou! Mais si j'allais tout déclarer, en refusant de nommer celui qui m'a donné ces papiers à copier... Oui, mais ils me forceront à tout dire, ils ont des moyens pour cela. C'est incroyable comme je bats la campagne. Allons, Buvat mon ami, à ton affaire!

Conspiration du chevalier Louis de Rohan. Ah çà, mais je ne tombe donc que sur des conspirations! Qu'est-ce qu'il avait donc fait celui-là?... Il avait voulu soulever la Normandie. Mais je me rappelle, c'est ce pauvre garçon qui a été exécuté en 1674; quatre années avant celle de ma naissance. Ma mère l'a vu mourir. Pauvre garçon!... Elle m'a souvent raconté cela. Oh! mon Dieu! qui est-ce qui lui aurait dit à ma pauvre mère!.... Et puis on en a pendu un autre en même temps, un grand maigre habillé tout en noir. Comment s'appelait il donc?... Ah! bien, j'ai le livre là... je suis bien bête!... Ah! oui, Van den

Enden. C'est cela. *Copie d'un plan de gouvernement trouvé dans les papiers de M. de Rohan et entièrement écrit de la main de Van den Enden.* Ah mon Dieu!... eh bien, c'est justement mon affaire : pendu! pour avoir copié un plan... Oh! la la! j'ai le ventre qui se retourne.

Procès-verbal de torture de François Affinius Van den Enden. Miséricorde! si on allait lire un jour à la fin de la conjuration du prince de Listhnay : *Procès-verbal de torture de Jean Buvat.* Ouf! « L'an mil six cent soixante-quatorze, etc.; nous, Claude Bazin, chevalier de Bezons, et Auguste-Robert de Pomereu, nous sommes transportés au château de la Bastille, assistés de Louis Le Mazier, conseiller et secrétaire du roi, etc., etc.; et, étant dans une des tours d'icelui château, avons mandé et fait venir François Affinius

Van den Enden, condamné à mort par ledit arrêt, et à être appliqué à la question ordinaire et extraordinaire, et après serment fait par lui de dire la vérité, lui avons remontré qu'il n'avait pas tout dit ce qu'il savait des conspirations et desseins de révolte des sieurs Rohan et Latréaumont.

» A répondu qu'il avait dit tout ce qu'il savait, et qu'étranger à la conspiration et n'ayant fait qu'en copier différentes pièces, il ne pouvait en dire davantage.

» Alors lui avons fait appliquer les brodequins. »

— Monsieur, vous qui êtes instruit, dit Buvat à son commis d'ordre, pourrais-je sans indiscrétion vous demander ce que c'était que l'instrument de torture appelé brodequin?

— Mon cher monsieur Buvat, répondit l'employé, visiblement flatté du compliment que lui adressait le bonhomme, je puis vous en parler savamment, j'ai vu donner la question l'année passée à Duchauffour.

— Alors, Monsieur, je serais curieux de savoir...

— Les brodequins, mon cher Buvat, reprit d'un ton important M. Ducoudray, ne sont rien autre chose que quatre planches à peu près pareilles à des douves de tonneaux.

— Très bien.

— On vous met (quand je dis *vous*, vous comprenez, mon cher Buvat, que c'est à titre de généralité et non pas pour vous faire une application personnelle), on vous met donc la jambe droite d'abord entre deux planches, puis on assure les planches avec deux cordes, puis on en fait autant à la jambe gauche, puis on rassemble les deux jambes, et entre les planches du milieu on introduit des coins qu'on enfonce à coups de maillet : cinq pour la question ordinaire, dix pour la question extraordinaire.

— Mais, dit Buvat d'une voix altérée, mais, monsieur Ducoudray, cela doit vous mettre les jambes dans un état déplorable.

— C'est-à-dire que cela vous les broie tout bonnement. Au sixième coin, par exemple, les jambes de Duchauffour ont crevé, et au huitième, la moëlle des os coulait avec le sang par les ouvertures.

Buvat devint pâle comme la mort et s'assit sur l'échelle double pour ne pas tomber.

— Jésus ! murmura-t-il, que me dites-vous là, M. Ducoudray !

— L'exacte vérité, mon cher Buvat. Lisez le supplice d'Urbain Grandier ; vous trouverez son procès-verbal de torture, et alors vous verrez si je vous en impose.

— J'en tiens un. Je tiens celui de ce pauvre monsieur Van Enden.

— Eh bien, lisez alors.

Buvat reporta les yeux sur le livre et lut :

AU PREMIER COIN :

Affirme qu'il a dit la vérité, qu'il n'a rien à dire davantage, qu'il endure innocemment.

AU DEUXIÈME COIN :

Dit qu'il a avoué tout ce qu'il savait.

AU TROISIÈME COIN :

A crié : Ah! mon Dieu, mon Dieu! J'ai dit tout ce que j'ai su.

AU QUATRIÈME COIN :

A dit qu'il ne pouvait rien avouer autre chose que ce que l'on savait déjà, c'est-à-dire qu'il avait copié un plan de gouvernement qui lui était donné par le chevalier de Rohan.

Buvat s'essuya le front avec son mouchoir.

AU CINQUIÈME COIN :

A dit : Aïe, aïe, mon Dieu! mais n'a point voulu dire autre chose.

Au sixième coin :

A crié : Aïe, mon Dieu!

Au septième coin :

A crié : Je suis mort!

Au huitième coin :

A crié : Ah! mon Dieu! je ne puis parler, puisque je n'ai rien à dire.

Au neuvième coin, qui est l'enfoncement d'un gros coin :

A dit : Mon Dieu! mon Dieu! à quoi bon me martyriser ainsi! vous savez bien que je ne puis rien dire; et puisque je suis condamné à mort, faites-moi mourir.

Au dixième et dernier coin :

A dit : Oh! messieurs, que voulez-vous que je dise? Oh! merci, mon Dieu! je me meurs, je me meurs!

— Eh bien! eh bien! qu'est ce que vous avez donc, Buvat? s'écria Ducoudray en voyant le bonhomme pâlir et chanceler. Eh bien! voilà que vous vous trouvez mal!

— Ah! monsieur Ducoudray, dit Buvat, laissant tomber le livre et se traînant jusqu'à son fauteuil, comme si ses jambes brisées ne pouvaient plus le soutenir; ah! monsieur Ducoudray, je sens que je m'en vas!

— Voilà ce que c'est que de faire la lecture au lieu de travailler, dit l'employé; si vous vous contentiez d'inscrire vos titres sur votre registre et de coller vos étiquettes sur le dos de vos volumes, cela ne vous arriverait pas. Mais M. Buvat lit! M. Buvat veut s'instruire!

— Eh bien, père Buvat, cela va-t-il mieux? dit Ducoudray.

— Oui, Monsieur, car ma résolution est prise, prise irrévocablement; il ne serait pas juste, ma foi, que je portasse la peine d'un crime que je n'ai pas commis. Je me dois à la société, à ma pupille, à moi-même. Monsieur Ducoudray, si M. le conservateur me demande, vous direz que je suis sorti pour une affaire indispensable.

Et Buvat, tirant le rouleau de papier de son bureau, enfonça son chapeau sur sa tête, prit sa canne à pleine main, et sortit sans se retourner et avec la majesté du désespoir.

— Savez-vous où il va? dit l'employé lorsqu'il fut parti.

— Non, répondit Ducoudray.

— Eh bien! il va jouer au cochonnet aux Champs-Élysées ou aux Porcherons.

L'employé se trompait. Buvat n'allait ni aux Champs-Élysées ni aux Porcherons.

Il allait chez Dubois.

XI.

BERTRAND ET RATON.

—M. Jean Buvat! dit l'huissier.

Dubois allongea sa tête de vipère, plongea son regard dans la mince ouverture qui restait entre le corps de l'huissier et le panneau de la porte et, derrière l'introducteur officiel, aperçut un gros petit homme pâle, dont les jambes flageolaient sous lui et qui toussait pour se donner de l'assurance. Un coup-d'œil suffit à Dubois pour lui apprendre à qui il avait affaire.

— Faites entrer, dit Dubois.

L'huissier s'effaça et Jean Buvat parut sur le seuil de la porte.

— Venez! venez! dit Dubois.

— Vous me faites honneur, Monsieur, balbutia Buvat sans bouger de place.

— Fermez la porte et laissez-nous, dit Dubois à l'huissier.

L'huissier obéit, et le panneau venant frapper la partie postérieure de Buvat d'un coup inattendu lui fit faire un petit bond en avant. Buvat, un instant ébranlé, se raffermit sur ses jambes et redevint immobile, regardant Dubois de ses deux gros yeux étonnés.

En effet, Dubois était curieux à voir : De son costume épiscopal il n'avait conservé que la partie inférieure, de sorte qu'il était en chemise, avec une culotte noire et des bas violets. C'était à démonter toutes les prévisions de Buvat, ce qu'il avait devant les yeux n'étant ni un ministre ni un archevêque, et ressemblant beaucoup plus à un orang-outang qu'à un homme.

— Eh bien, Monsieur, dit Dubois en s'asseyant, en croisant sa jambe droite sur sa jambe gauche, et en prenant son pied dans ses mains, vous avez demandé à me parler. Me voilà.

— C'est-à-dire, Monsieur, dit Buvat, j'ai demandé à parler à monseigneur l'archevêque de Cambrai.

— Eh bien, c'est moi.

— Comment, c'est vous, Monseigneur! dit Buvat, en prenant son chapeau à deux mains et en s'inclinant jusqu'à terre. Excusez-moi, mais je n'avais pas reconnu Votre Eminence : il est vrai que c'est la première fois que j'ai l'honneur de la voir. Cependant... hum! à cet air de majesté... hum! hum!... j'aurais dû comprendre...

— Vous vous appelez? dit Dubois, interrompant les salamalecs du bon homme.

— Jean Buvat, pour vous servir.

— Vous êtes?

— Employé à la Bibliothèque.

— Et vous avez à me faire des révélations relatives à l'Espagne?

— C'est-à-dire, Monseigneur, voici la chose : comme mon bureau me laisse six heures le soir et quatre heures le matin, et que Dieu m'a doué d'une fort belle écriture, je fais des copies.

— Oui, je comprends, dit Dubois, et l'on vous a donné à copier des choses suspectes, de sorte que ces choses suspectes, vous me les apportez, n'est-ce pas?

— Dans ce rouleau, Monseigneur, dans ce

rouleau, dit Buvat, en étendant la main vers Dubois.

Dubois fit un bond de sa chaise à Buvat, prit le rouleau désigné, alla s'asseoir à un bureau, et en un tour de main, ayant enlevé la ficelle et l'enveloppe, il se trouva en face des papiers en question. Les premiers sur lesquels il tomba étaient écrits en espagnol ; mais comme Dubois avait été envoyé deux fois en Espagne, il parlait quelque peu la langue de Calderon et de Lope de Vega, de sorte qu'il vit au premier coup-d'œil de quelle importance étaient ces papiers. En effet, ce n'était rien moins que la protestation de la noblesse, la liste nominative des officiers qui demandaient du service au roi d'Espagne et le manifeste composé par le cardinal de Polignac et le marquis de Pompadour pour soulever le royaume. Ces différentes pièces étaient adressées directement à Philippe V, et une petite note que Dubois reconnut pour être de la main même de Cellamare annonçait que le dénoûment de la conspiration étant très prochain, il entretiendrait jour par jour Sa Majesté catholique de tous les évènements considérables qui pourraient en hâter ou retarder le résultat. Puis enfin venait comme complément le fameux plan des conjurés, que nous avons mis sous les yeux de nos lecteurs et qui, resté par mégarde au milieu des autres pièces traduites en espagnol, avait donné l'éveil à Buvat. Près du plan, de la plus belle écriture du bon homme, était la copie qu'il avait commencé d'en faire et qui était interrompue à ces mots :

« Agir de même dans toutes les provinces. »

Buvat avait suivi avec une certaine anxiété tous les mouvements de la figure de Dubois; il l'avait vue passer de l'étonnement à la joie, puis de la joie à l'impassibilité. Dubois, à mesure qu'il continuait de lire, avait bien passé successivement une jambe sur l'autre, s'était bien mordu les lèvres, s'était bien pincé le bout du nez, mais tout cela était à peu près intraductible pour Buvat, et à la fin de la lecture, il n'avait pas plus compris la physionomie de l'archevêque, qu'à la fin de la copie il n'avait compris l'original espagnol. Quant à Dubois, il comprenait que cet homme venait de lui livrer le commencement d'un secret de la plus haute importance, et il rêvait au moyen de s'en faire livrer la fin. Voilà ce que signifiaient au fond ces jambes croisées, ces lèvres mordues et ce nez pincé. Enfin, il parut avoir pris sa résolution, son visage s'éclaira d'une bienveillance charmante, et se retournant vers le bonhomme, qui jusque-là s'était tenu respectueusement debout :

— Asseyez-vous donc, mon cher monsieur Buvat, lui dit-il.

— Merci, Monseigneur, répondit Buvat en tressaillant, je ne suis pas fatigué.

— Pardon, pardon, dit Dubois, je vois vos jambes qui tremblent.

En effet, depuis qu'il avait lu le procès-verbal de question de Van den Enden, Buvat avait conservé dans les jambes un tremblement nerveux à peu près semblable à celui qu'on remarque dans les chiens quand ils viennent d'avoir la maladie.

— Le fait est, Monseigneur, dit Buvat, que je ne sais pas ce que j'ai depuis deux heures, mais j'éprouve une véritable difficulté à me tenir debout.

— Asseyez-vous donc alors, et causons comme deux bons amis.

Buvat regarda Dubois d'un air de stupéfaction qui, dans tout autre moment, l'eût fait éclaté de rire. Mais Dubois n'eut pas l'air de s'apercevoir de son étonnement, et, tirant une chaise qui était à sa portée, il lui renouvela du geste l'invitation qu'il venait de lui faire de la voix. Il n'y avait pas moyen de reculer. Le bonhomme s'approcha en chancelant, s'assit sur le bord de sa chaise, posa son chapeau à terre, serra sa canne entre ses jambes, appuya ses deux mains sur sa pomme d'ivoire et attendit. Mais cette action ne s'était pas accomplie sans une violente commotion intérieure, ainsi que pouvait l'attester son visage, qui, de blanc comme un lys qu'il était en entrant, était devenu rouge comme une pivoine.

— Ainsi, mon cher Monsieur Buvat, dit Dubois, vous dites donc que vous faites des copies?

— Oui, Monseigneur.

— Et cela vous rapporte?

— Bien peu de chose, Monseigneur, bien peu de chose.

— Vous avez cependant une superbe écriture, monsieur Buvat.

— Oui, mais tout le monde n'apprécie pas comme Votre Eminence ce talent à sa valeur.

— C'est vrai; mais, en outre, vous êtes employé à la Bibliothèque.

— J'ai cet honneur.

— Et votre place vous rapporte?

— Oh! ma place, c'est autre chose, Monseigneur : elle ne me rapporte rien du tout, vu que depuis cinq ans le caissier nous dit à la fin de chaque mois que le roi est trop gêné pour qu'on nous paie.

— Et vous n'en restez pas moins au service de Sa Majesté? C'est très bien, monsieur Buvat, c'est très bien !

Buvat se leva, salua Monseigneur et se rassit.

— Et peut-être avec cela, continua Dubois, que vous avez encore une famille, une femme, des enfants?

— Non, Monseigneur, jusqu'à présent j'ai vécu dans le célibat.

— Mais des parents au moins ?

— Une pupille, Monseigneur, une jeune personne charmante, pleine de talent, qui chante comme Mademoiselle Bury, et qui dessine comme M. Greuse.

— Ah! ah! monsieur Buvat, et comment s'appelle cette pupille?

— Bathilde... Bathilde du Rocher, Monseigneur ; c'est une jeune demoiselle de noblesse, fille d'un écuyer de M. le régent, du temps qu'il était encore duc de Chartres, et qui a eu le malheur d'être tué à la bataille d'Almanza.

— Ainsi, je vois que vous avez des charges, mon cher Buvat?

— Est-ce de Bathilde que vous voulez parler, Monseigneur? Oh! non, Bathilde n'est pas une charge; au contraire, pauvre chère enfant, et elle rapporte plus à la maison qu'elle ne coûte. Bathilde une charge! D'abord tous les mois M. Papillon, vous savez, Monseigneur, le marchand de couleurs au coin de la rue de Cléry, lui compte 80 livres pour deux dessins; ensuite...

— Je veux dire, mon cher Buvat, que vous n'êtes pas riche.

— Oh! cela, riche, non, Monseigneur, je ne le suis pas. Mais je voudrais bien l'être pour ma pauvre Bathilde, et si vous vouliez obtenir de Monseigneur le régent, qu'au premier argent qui rentrera dans les coffres de l'état, on me paie mon arriéré ou au moins un à-compte...

— Et à quoi cela peut-il se monter votre arriéré?

— A quatre mille sept cents livres douze sous huit deniers, Monseigneur.

— Peuh! qu'est-ce que c'est que cela, dit Dubois.

— Comment! qu'est-ce que c'est que cela! Monseigneur!

— Oui... ce n'est rien.

— Si fait, Monseigneur, si fait, c'est beaucoup, et la preuve, c'est que le roi ne peut pas le payer.

— Mais cela ne vous fera pas riche.

— Cela me mettrait à mon aise, et je ne vous cache pas, Monseigneur, que si aux premiers fonds qui rentreront dans les caisses de l'état...

— Mon cher Buvat, dit Dubois, j'ai mieux que cela à vous offrir.

— Offrez, Monseigneur.

— Vous avez votre fortune au bout des doigts.

— Ma mère me l'a toujours dit, Monseigneur.

— Cela prouve, mon cher Buvat, que c'était une femme de grand sens que madame votre mère.

— Eh bien, Monseigneur, me voilà tout

prêt, que faut-il que je fasse pour cela?

— Ah! mon Dieu, la chose la plus simple. Vous allez me faire, séance tenante, une copie de tout ceci.

— Mais, Monseigneur...

— Ce n'est pas tout, mon cher monsieur Buvat. Vous reporterez à la personne qui vous a donné ces papiers les copies et les originaux, comme s'il n'était rien arrivé; vous prendrez tout ce que cette personne vous donnera; vous me l'apporterez aussitôt afin que je le lise, puis vous en ferez autant des autres papiers que de ceux-ci, et cela indéfiniment, jusqu'à ce je vous dise : Assez.

— Mais, Monseigneur, dit Buvat, il me semble qu'en agissant ainsi je trompe la confiance du prince.

— Ah! ah! c'est un prince à qui vous avez affaire, mon cher monsieur Buvat? et comment s'appelle ce prince?

— Mais, Monseigneur, il me semble qu'en vous disant son nom, je le dénonce...

— Ah çà mais... et qu'êtes-vous donc venu faire ici?

— Monseigneur, je suis venu vous prévenir du danger que courait S. A. monseigneur le régent, et voilà tout.

— Vraiment, dit Dubois d'un ton goguenard, et vous comptez en rester là?

— Mais, je le désire, Monseigneur.

— Il n'y a qu'un malheur, c'est que c'est impossible, mon cher monsieur Buvat.

— Comment, impossible?

— Tout-à-fait.

— Monseigneur l'archevêque, je suis un honnête homme!

— Monsieur Buvat, vous êtes un niais.

— Monseigneur, je voudrais cependant bien me taire.

— Mon cher monsieur, vous parlerez.

— Mais si je parle, je suis le dénonciateur du prince.

— Mais si vous ne parlez pas, vous êtes complice.

— Complice, Monseigneur? et de quel crime?

— Du crime de haute trahison !... Ah ! il y a longtemps que la police a l'œil sur vous, monsieur Buvat.

— Sur moi, Monseigneur?

— Oui, sur vous... sous prétexte qu'on ne vous paie point vos appointements, vous tenez des propos fort séditieux contre l'état.

— Oh ! Monseigneur, peut-on dire !...

— Sous prétexte qu'on ne vous paie pas vos appointements, vous faites des copies d'actes incendiaires, et cela depuis quatre jours.

— Monseigneur, je ne m'en suis aperçu qu'hier, je ne sais pas l'espagnol.

— Vous le savez, Monsieur!

— Je vous jure, Monseigneur.....

—Je vous dis que vous le savez, et la preuve, c'est qu'il n'y a pas une faute dans vos copies. Mais ce n'est pas le tout.

—Comment, ce n'est pas le tout?

—Non, ce n'est pas le tout. Est-ce de l'espagnol ceci, Monsieur? voyez...

« Rien n'est plus important que de s'assurer des places voisines des Pyrénées et des seigneurs qui font leur résidence dans ces cantons. »

—Mais, Monseigneur, c'est justement ce qui fait que j'ai découvert.....

—Monsieur Buvat, on en a envoyé aux galères qui en avaient fait moins que vous.

— Monseigneur!

—Monsieur Buvat, on en a pendu qui étaient moins coupables que vous ne l'êtes.

— Monseigneur! Monseigneur!

—Monsieur Buvat, on en a écartelé...

— Grâce! Monseigneur, grâce!

— Grâce! grâce à un misérable comme vous, monsieur Buvat! je vais vous faire mettre à la Bastille et envoyer mademoiselle Bathilde à Saint-Lazare.

— A Saint-Lazare! Bathilde à Saint Lazare! Monseigneur! Bathilde à Saint-Lazare! Et qui a le droit de cela?

— Moi! monsieur Buvat.

— Non! Monseigneur, vous n'en avez pas le droit! s'écria Buvat, qui pouvait tout craindre et tout souffrir pour lui-même, mais qui, à l'idée d'une pareille infamie, de ver devenait serpent; Bathilde n'est pas une fille du peuple, Monseigneur! Bathilde est une demoiselle, une demoiselle de noblesse, la fille d'un homme qui a sauvé la vie au régent, et quand je devrais aller trouver Son Altesse...

— Vous irez d'abord à la Bastille, monsieur Buvat, dit Dubois en sonnant à casser la sonnette, et puis après nous verrons ce que nous déciderons de mademoiselle Bathilde.

— Monseigneur, que faites vous?

— Vous allez le voir. (L'huissier entra) Un exempt et un fiacre.

— Monseigneur, dit Buvat, Monseigneur, tout ce que vous voudrez!

— Faites ce que j'ai ordonné, reprit Dubois. L'huissier sortit.

— Monseigneur, dit Buvat en joignant les mains, Monseigneur, j'obéirai.

— Non pas, monsieur Buvat. Ah! vous voulez un procès! on vous en fera un. Ah! vous voulez de la corde! eh bien, vous en tâterez.

— Monseigneur, s'écria Buvat en tombant à genoux, que faut-il que je fasse?

— Pendu! pendu! pendu!!! continua Dubois.

— Monseigneur, dit l'huissier en rentrant, le fiacre est à la porte et l'exempt dans l'antichambre.

— Monseigneur, reprit Buvat en tordant ses petits bras et en s'arrachant le peu de cheveux jaunes qui lui restaient, Monseigneur, serez-vous sans pitié?

— Ah! vous ne voulez pas me dire le nom du prince?

— C'est le prince de Listhnay, Monseigneur.

— Ah! vous ne voulez pas me dire son adresse?

— Il demeure rue du Bac, n° 110, Monseigneur.

— Ah! vous ne voulez pas me faire une copie de ces papiers?

— Je m'y mets, Monseigneur, je m'y mets à l'instant même, dit Buvat, et il alla s'asseoir devant le bureau, saisit une plume, la trempa dans l'encre, et prenant un cahier de papier blanc, tira sur la première page une superbe majuscule. M'y voilà, Monseigneur, m'y voilà;

seulement, Monseigneur, vous me permettrez d'écrire à Bathilde que je ne rentrerai pas dîner.

— Bathilde à Saint-Lazare! murmura Buvat entre ses dents. Sabre de bois !... c'est qu'il le ferait comme il le dit.

— Oui, Monsieur, je le ferais, et bien pis encore, pour le salut de l'état, et vous le saurez à vos dépens si vous ne reportez pas ces papiers, si vous ne prenez pas les autres, et si vous ne venez pas m'en faire ici même, chaque soir, une copie.

— Mais, Monseigneur, dit Buvat désespéré, je ne puis pas venir ici et aller à mon bureau, cependant.

— Eh bien! vous n'irez pas à votre bureau; le beau malheur!

— Comment, je n'irai pas à mon bureau! Mais voilà douze ans, Monseigneur, que j'y vais sans manquer un seul jour.

— Eh bien! je vous donne congé pour un mois, moi.

— Mais je perdrai ma place, Monseigneur.

— Que vous importe, puisqu'on ne vous paie pas?

— Mais l'honneur, Monseigneur, l'honneur d'être fonctionnaire public! et puis j'aime mes livres, moi; j'aime ma table, moi j'aime mon fauteuil de cuir! s'écria Buvat, prêt à pleurer en songeant qu'il pouvait perdre tout cela.

— Eh bien alors, si vous voulez garder vos livres, votre table et votre fauteuil, obéissez donc.

— Est-ce que je ne vous ai pas dit que j'étais à vos ordres, Monseigneur?

— Alors vous ferez tout ce que je voudrai?

— Tout.

— Sans en souffler le mot à personne?

— Je serai muet.

— Pas même à mademoiselle Bathilde?

—Oh! à elle moins qu'à personne, Monseigneur!

— C'est bon, à cette condition je te pardonne.

— Oh! Monseigneur!

— J'oublierai ta faute.

— Monseigneur est trop bon.

— Et même... et même peut-être irai-je jusqu'à te récompenser.

—Oh! Monseigneur! tant de magnanimité!

— C'est bien! c'est bien! A la besogne.

— M'y voilà! Monseigneur, m'y voilà!

Et Buvat se mit à écrire de son écriture coulée qui était la plus rapide, sans lever l'œil autrement que pour le porter de la copie à l'original et le reporter de l'original à la copie, et sans s'arrêter que pour essuyer de temps en temps son front, dont la sueur coulait à grosses gouttes.

Dubois profita de son application pour aller ouvrir le cabinet à la Fillon, et lui faisant signe du doigt de se taire, il la conduisit vers la porte de la chambre.

— Eh bien! compère, dit tout bas celle-ci, qui malgré la défense à elle exprimée ne pouvait retenir sa curiosité, eh bien, ton écrivain, où est-il?

— Le voilà, dit Dubois en montrant Duvat, qui, couché sur son papier, piochait d'ardeur.

— Que fait-il?

— Ce qu'il fait?

— Oui, je te le demande.

— Ce qu'il fait? devine.

— Comment diable veux-tu que je sache cela, moi?

— Tu veux donc que je te le dise?

— Oui.

— Eh bien, il expédie...

— Quoi?

— Il expédie mon bref de cardinal. Es-tu contente, maintenant ?

La Fillon poussa une telle exclamation de surprise que Buvat en tressaillit et se retourna malgré lui.

Mais déjà Dubois avait poussé la Fillon hors de la chambre, en lui recommandant de nouveau de le tenir au courant jour par jour de ce que ferait son capitaine.

Mais, demandera peut-être le lecteur, que faisaient pendant tout ce temps Bathilde et d'Harmental ?

— Rien : ils étaient heureux.

XII.

UN CHAPITRE DE SAINT-SIMON.

Les choses durèrent ainsi quatre jours pendant lesquels Buvat, cessant d'aller à son bureau sous prétexte d'indisposition, parvint à force de travail à faire les deux copies commandées; l'une par le prince de Listhnay, l'autre par Dubois. Pendant ces quatre jours, certes les plus agités de toute la vie du pauvre écrivain, il demeura si sombre et si taciturne, que plusieurs fois Bathilde, malgré sa préoccupation toute contraire, lui demanda ce qu'il avait; mais, à chaque fois que cette question lui fut faite, Buvat, rappelant à lui toute sa force morale, répondit qu'il n'avait absolument rien, et, comme à la suite de cette réponse Buvat se remettait incontinent à chantonner sa petite chanson, il parvint à tromper Bathilde d'autant plus facilement que partant à son heure ordinaire comme s'il continuait d'aller à son bureau, Bathilde ne voyait de fait aucun dérangement matériel dans ses habitudes. Quant à d'Harmental, il avait tous les matins la visite de l'abbé Brigaud qui lui annonçait que toutes choses marchaient à souhait, de sorte que, comme d'un autre côté ses affaires d'amour allaient à merveille, d'Harmental commençait à trouver que l'état de conspirateur était l'état le plus heureux de la terre.

Quant au duc d'Orléans, comme il ne se doutait de rien, il continuait de mener sa vie ordinaire, et il avait convié comme d'habitude, à son souper du dimanche, ses roués et ses maîtresses, lorsque vers les deux heures de l'après-midi, Dubois entra dans son cabinet.

— Ah! c'est toi, l'abbé? J'allais envoyer chez toi pour te demander si tu étais des nôtres ce soir, dit le régent.

— Vous allez donc souper aujourd'hui, Monseigneur? demanda Dubois.

— Ah ça, mais d'où sors-tu donc avec ta figure de carême? Est-ce que ce n'est plus aujourd'hui dimanche?

— Si fait, Monseigneur.

— Eh bien, alors, viens nous revoir : voilà la liste de nos convives, tiens, Nocé, Lafare, Fargy, Ravanne, Broglie. Je n'invite pas Brancas; il devient assommant depuis quelques jours. Je crois qu'il conspire, ma d'honneur. Et puis la Phalaris et la d'Averne, elles ne peuvent pas se sentir ; elles s'arracheront les yeux, et cela nous amusera. Nous aurons de plus la Souris, et peut-être madame de Sabran, si elle n'a pas quelques rendez-vous avec Richelieu.

— C'est votre liste, Monseigneur ?

— Oui.

— Eh bien, maintenant Votre Altesse veut-elle jeter un coup-d'œil sur la mienne ?

— Tu en as donc fait une aussi ?

— Non, on me l'a apportée toute faite.

— Qu'est-ce que c'est que cela ? reprit le régent en jetant les yeux sur un papier que lui présentait Dubois.

« *Liste nominative des officiers qui demandent du service au roi d'Espagne :* Claude François de Ferrette, chevalier de Saint-Louis, maréchal-de-camp et colonel de la cavalerie de France ; Boschet, chevalier de Saint-Louis et colonel d'infanterie, de Sabran, de Larochefoucault-Gondral, de Villeneuve, de Lescure, de Laval. » Eh bien, après ?

— Après, en voilà une autre, et il présenta un second papier au duc.

« *Protestation de la noblesse.* »

— Faites vos listes, Monseigneur, faites; vous voyez que vous n'êtes pas le seul, et que le prince de Cellamare fait aussi les siennes.

« *Signé sans distinction de rangs et de maisons afin que personne n'y puisse trouver à redire* : De Vieux-Pont, de la Pailleterie, de Beaufremont, de Latour-du-Pin, de Montauban, Louis de Caumont, Claude de Polignac, Charles de Laval, Antoine de Chastellux, Armand de Richelieu ! » Et où diable as-tu pêché tout cela, sournois ?

— Attendez, Monseigneur, nous ne sommes pas au bout. Veuillez jeter un coup-d'œil sur ceci.

« *Plan des conjurés.* Rien n'est plus important que de s'assurer des places fortes voisines des Pyrénées, gagner la garnison de Bayonne, livrer nos villes, mettre aux mains de l'Espagnol les clés de la France. » Qui veut faire cela, Dubois?

— Allons, de la patience, Monseigneur, nous avons mieux que cela à vous offrir. Tenez, voilà des lettres de Sa Majesté Philippe V en personne.

« *Au roi de France.* » Mais ce ne sont que des copies?

— Je vous dirai tout à l'heure où sont les originaux.

— Voyons cela, mon cher abbé, voyons. « Depuis que la providence m'a placé sur le trône d'Espagne, etc., etc., de quel œil vos fidèles sujets peuvent-ils regarder le traité qui se signe contre moi, etc., etc. Je prie Votre Majesté de convoquer les États-généraux de son royaume » Convoquer les États-généraux ! au nom de qui ?

— Vous le voyez bien, Monseigneur, au nom de Philippe V.

— Philippe V est roi d'Espagne et non pas roi de France. Qu'il n'intervertisse pas les rôles : j'ai déjà franchi une fois les Pyrénées pour le rasseoir sur le trône, je pourrais bien les franchir une seconde fois pour le renverser.

— Nous y songerons plus tard, je ne dis pas non ; mais pour le moment, s'il vous plaît, Monseigneur, nous avons une cinquième pièce à lire, et ce n'est pas la moins importante, comme vous allez en juger. Et Dubois présenta au régent un dernier papier, que celui-ci ouvrit avec une telle impatience qu'il le déchira en l'ouvrant.

— Allons ! murmura le régent.

— N'importe, Monseigneur, n'importe ; les

morceaux en sont bons, répondit Dubois ; rapprochez-les et lisez.

Le régent rapprocha les deux morceaux et lut :

« Très chers et bien-aimés. »

— Oui, c'est cela ! continuation de la métaphore : il ne s'agit de rien moins que de ma déposition. Et ces lettres, sans doute, devaient être remises au roi ?

— Demain, Monseigneur.

— Par qui ?

— Par le maréchal.

— Par Villeroy !

— Par lui-même.

— Et comment a-t-il pu se décider à une pareille chose ?

— Ce n'est pas lui, c'est sa femme, Monseigneur.

— Encore un tour de Richelieu.

— Votre Altesse a mis le doigt dessus.

— Et de qui tiens-tu tous ces papiers?

— D'un pauvre diable d'écrivain, à qui on les a donnés à copier, attendu que, grâce à une descente qu'on a faite dans la petite maison du comte de Laval, une presse qu'il cachait dans sa cave a cessé de fonctionner.

— Et cet écrivain était en relation directe avec Cellamare? Les imbéciles!

— Non point, Monseigneur, non point. Oh! les mesures étaient mieux prises : le bonhomme n'avait affaire qu'au prince de Listhnay.

— Au prince de Listhnay. Qu'est-ce que celui-là encore?

— Rue du Bac, 110.

— Je ne le connais pas.

— Si fait, Monseigneur, vous le connaissez.

— Et où l'ai-je vu?

— Dans votre antichambre.

— Comment! ce prétendu prince de Listhnay...

— N'est autre que ce grand coquin de d'Avranches, le valet de chambre de madame du Maine.

— Ah! ah! cela m'étonnait aussi qu'elle n'en fût pas, la petite guêpe!

— Oh! elle y est en plein. Et si Monseigneur veut être débarrassé cette fois-ci d'elle et de sa clique, nous les tenons tous.

— Voyons d'abord au plus pressé.

— Oui, occupons-nous de Villeroy.

— Êtes-vous décidé à un coup d'autorité?

— Parfaitement; tant qu'il n'a fait que piaffer et parader en personnage de théâtre et de carrousel, très bien; tant qu'il s'est borné à des calomnies et même à des impertinences contre moi, très bien encore; mais quand il s'agit du repos et de la tranquillité de la France, ah! M. le maréchal, vous les avez assez compromis déjà par votre ineptie militaire, sans que nous vous les laissions compromettre de nouveau par votre fatuité politique.

— Ainsi, dit Dubois, nous lui mettons la main dessus?

— Oui, mais avec certaines précautions : il faut le prendre en flagrant délit.

— Rien de plus facile, il entre tous les matins à huit heures chez le roi.

— Oui.

— Soyez demain matin à sept heures et demie à Versailles.

— Après?

— Vous le précédez chez Sa Majesté.

— Et là je lui reproche en face du roi...

— Non pas, non pas, Monseigneur, il faut...

En ce moment l'huissier ouvrit la porte.

— Silence, dit le régent. Puis se retournant vers l'huissier : Que veux-tu?

— M. le duc de Saint-Simon.

— Demande-lui si c'est pour affaire sérieuse.

L'huissier se retourna et échangea quelques paroles avec le duc, puis s'adressant de nouveau au régent :

— Des plus sérieuses, Monseigneur.

— Eh bien ! qu'il entre.

Saint-Simon entra.

— Pardon, duc, dit le régent ; je termine une petite affaire avec Dubois, et dans cinq minutes je suis à vous.

Et tandis que Saint-Simon entrait, le duc et Dubois se retirèrent dans un coin, où effectivement ils demeurèrent cinq minutes à causer bas, après quoi Dubois prit congé du régent.

— Il n'y a pas de souper ce soir, dit-il en sortant à l'huissier de service. Faites prévenir les personnes invitées. Monseigneur le régent est malade.

Et il sortit.

— Serait-ce vrai, Monseigneur, demanda St-Simon avec une inquiétude réelle, car le duc, quoique fort avare de son amitié, avait, soit calcul, soit affection réelle, une grande prédilection pour le régent.

— Non, mon cher duc, dit Philippe, pas de manière du moins à m'inquiéter. Mais Chirac prétend que si je ne suis pas sage je mourrai d'apoplexie, et ma foi! je suis décidé, je me range.

— Ah! Monseigneur! Dieu vous entende! dit Saint-Simon, quoique en vérité ce soit un peu tard.

— Comment cela, mon cher duc?

— Oui, la facilité de Votre Altesse n'a déjà donné que trop de prise à la calomnie.

— Ah! si ce n'est que cela, mon cher duc, il y a si long-temps qu'elle mord sur moi qu'elle doit commencer à se lasser.

— Au contraire, Monseigneur, reprit Saint-Simon ; il faut qu'il se machine quelque chose de nouveau contre vous, car elle se redresse plus sifflante et plus venimeuse que jamais.

— Eh bien, voyons, qu'y a-t-il encore ?

— Il y a que tout à l'heure, en sortant de vêpres, il y avait sur les degrés de Saint-Roch un pauvre qui demandait l'aumône en chantant, et qui, tout en chantant, offrait à ceux qui sortaient des apparences de complaintes. Or, savez-vous ce que c'était que ces complaintes, Monsieur ?

— Non, quelque noël, quelque pamphlet contre Law, contre cette pauvre duchesse de Berry, contre moi-même, peut-être. Oh ! mon cher duc, il faut les laisser chanter : si seulement ils payaient !

— Tenez, Monseigneur, lisez! dit St-Simon.

Et il présenta au duc d'Orléans un papier grossier, imprimé à la manière des chansons qui se chantent dans les rues. Le prince le prit en haussant les épaules, et jetant les yeux sur lui avec un inexprimable sentiment de dégoût, il commença de lire :

> Vous dont l'éloquence rapide
>
> Contre deux tyrans inhumains,
>
> Eut jadis l'audace intrépide
>
> D'armer les Grecs et les Romains,
>
> Contre un monstre encore plus farouche,
>
> Mettez votre fiel dans ma bouche ;
>
> Je brûle de suivre vos pas,
>
> Et je vais tenter cet ouvrage,
>
> Plus charmé de votre courage,
>
> Qu'effrayé de votre trépas !

— Votre Altesse reconnaît le style? dit Saint-Simon.

— Oui, répondit le régent, c'est de Lagrange-Chancel, puis il continua :

> A peine ouvrit-il ses paupières,
>
> Que tel qu'il se montre aujourd'hui,

Il fut indigné des barrières
Qu'il voit entre le trône et lui.
Dans ces détestables idées
De l'art des Circées, des Médées,
Il fit ses uniques plaisirs,
Croyant cette voie infernale
Digne de remplir l'intervalle
Qui s'opposait à ses désirs.

— Tenez, duc, dit le régent en tendant le papier à Saint-Simon, c'est si méprisable que je n'ai pas le courage de lire jusqu'au bout.

— Lisez, Monseigneur, lisez, au contraire. Il faut que vous sachiez de quoi sont capables vos ennemis. Du moment où ils se montrent au jour, tant mieux. C'est une guerre. Ils vous offrent la bataille, acceptez la bataille, et prouvez-leur que vous êtes le vainqueur de Nerwinde, de Steinkerque et de Lérida.

— Vous le voulez donc, duc?

— Il le faut, Monseigneur.

Et le régent, avec un sentiment de répugnance presque insurmontable, reporta les yeux sur le papier, et lut en sautant une strophe pour arriver plus tôt à la fin :

> Ainsi les fils pleurant leur père,
> Tombent frappés des mêmes coups ;
> Le frère est suivi par le frère,
> L'épouse devance l'époux;
> Mais aux coups toujours plus funestes
> Sur deux fils, nos uniques restes,
> La faulx de la Parque s'étend ;
> Le premier a rejoint sa race,
> L'autre dont la couleur s'efface,
> Penche vers son dernier instant !

Le régent avait lu cette strophe en s'arrêtant vers par vers et d'un accent qui s'altérait à mesure qu'il approchait de la fin; mais au dernier vers son indignation fut plus forte que lui, et, froissant le papier dans ses mains, il voulut parler, mais la voix lui manqua, et deux grosses larmes seulement roulèrent de ses yeux sur ses joues.

— Monseigneur, dit Saint-Simon en regardant le régent avec une pitié pleine de vénération, Monseigneur, je voudrais que le monde entier fut là et vit couler ces généreuses larmes; je ne vous donnerais plus le conseil de vous venger de vos ennemis, car, comme moi, le monde entier serait convaincu de votre innocence.

— Oui, mon innocence, murmura le régent; oui, et la vie de Louis XV en fera foi. Les infâmes! ils savent mieux que personne quels sont les vrais coupables. Ah! madame de Maintenon, ah! madame du Maine, ah! M. de Villeroy. Car ce misérable Lagrange-Chancel n'est que leur scorpion; et quand je pense, Saint-Simon, qu'en ce moment-ci même, je les tiens sous mes pieds! que je n'ai qu'à appuyer le talon et que je les écrase.

— Écrasez, Monseigneur, écrasez! ce sont des occasions qui ne se présentent pas tous les jours, et quand on les tient il faut les saisir.

Le régent réfléchit un instant, et pendant cet instant son visage décomposé reprit peu à peu l'expression de bonté qui lui était naturelle.

— Allons, dit Saint-Simon qui suivait sur la physionomie du régent la réaction qui s'opérait, je vois que ce ne sera pas encore pour aujourd'hui.

— Non, monsieur le duc, dit Philippe, car pour aujourd'hui j'ai quelque chose de mieux à faire que de venger les injures du duc d'Orléans ; j'ai à sauver la France.

— Et tendant la main à Saint-Simon, le prince rentra dans sa chambre.

Le soir, à neuf heures, monseigneur le régent quitta le Palais-Royal, et, contre son habitude alla coucher à Versailles,

FIN DU TROISIÈME VOLUME.

www.ingramcontent.com/pod-product-compliance
Lightning Source LLC
Chambersburg PA
CBHW072010150426
43194CB00008B/1063